Iphigenia in Aulis

Trauerspiel
in fünf Akten

von

Konrad Levezow

Halle
in der Rengerschen Buchhandlung
1805

Iphigenia in Aulis.

Zum erstenmal aufgeführt auf dem königlichen Nationaltheater in Berlin, am 3ten August 1804, zur Geburtstagsfeier Sr. Majestät des Königes.

Personen:

Agamemnon, König von Argos, oberster Feldherr der Griechen wider Troja.

Klytämnestra, seine Gemahlinn.

Iphigenia, ihre Tochter.

Menelaus, Agamemnon's Bruder.

Kalchas, Wahrsager und oberster Priester im griechischen Heere.

Nestor.

Ulysses.

Achilles.

Diomedes.

Patroklus.

Automedon.

Mädchen und Weiber im Gefolge Klytämnestra's und Iphigenia's. Griechische Helden, Krieger, Priester, Jungfrauen, Volk aus Aulis.

Der Ort der Handlung ist im griechischen Lager im Hafen von Aulis; im zweiten Akt allein zu Argos im Pallast des Agamemnon.

Erster Akt.

Das Lager der Griechen im Hafen von Aulis. Vorn Agamemnon's Zelt. Aussicht auf den Hafen, worin ein Theil der Flotte sichtbar ist. Jenseit das hohe Meer, wie eine klare Spiegelfläche ausgebreitet.

Erste Scene.

Menelaus und Nestor treten auf der einen Seite aus dem Zelte, Ulysses, Achilles und Diomedes kommen vom Hafen her auf die Bühne.

Menelaus.

aufs Meer deutend, den Andern entgegen.

Noch immer tiefe Still' in Meer und Luft.
Kein Wölkchen schwebt am fernen Horizont
Empor, die süße Hoffnung uns zur lang
Ersehnten Abfahrt bringend. Freunde, löf't

Nicht bald ein Gott des Meeres Fesseln wieder:
Gebt Acht, die heiße Kampfbegier erlöscht
In aller Völker Brust.

Ulysses.

Schon wogt ein dumpfes
Gemurmel durch das Lager, nicht sey hold
Der Götter Wille dem Beginnen, das
Uns hier in Aulis Hafen längst vereint.
Die heilge Troja, dieser Rüstung Ziel,
Sey ja der Götter Werk. Neptun, der, sie
Mit Mauern selbst umgürtend, einst beschirmt,
Der werd' auch jetzt nicht, was er schön gebaut,
Von Feindes Hand zertrümmern lassen; er,
So spricht man laut und kühn, will Troja retten,
Noch eh' der Griechen Heer sich eingeschifft. —

Diomedes.

In seinen Abgrund würd' er, Zorn entbrannt,
Durch Sturm begraben, was sich freventlich
Der heilgen Veste naht. —

Ulysses.

So spricht man, und
Von uns wer will mit besserm Hofnungswort
Bekämpfen den erregten Zweifelssinn?
Ja täuschen nur mit klug erdachter List
Der Menge blinden Wahn; da, wie wir alle
Mit Unmuth sehn, kein bloßes Ungefähr
Uns hier so lange ruhmlos, selbst zum Hohn
Der Unsrigen, Gefangnen gleich, am Strand
Des trägen Meers gefesselt hält?

Nestor.

Wohl ist's
Das traurigste von allen traurigen
Geschicken, die den Feldherrn treffen mögen,
Wenn schon bey einer That Beginn, die das
Vertraun erheischt auf sich und ungeschwächten
Muth,
Durch bös' und trauervolle Zeichen, statt
Der Hofnung nahen, glücklichen Erfolgs,

Die Furcht der Menge leicht gewandtes Herz
Erfüllt. Vergeblich ruft der Feldherr dann
Zu Ruhm und Pflicht. Das scheue Volk sieht nur
Den Tod, den unvermeidlichen; es ahnet
Der Götter Zorn, des Schicksals unbezwungene
Gewalt; es ist besiegt vom Feinde schon,
Eh' es einmal den blutgen Kampf begonnen.

Achilles.

Nur ungern hör' ich aus so tapfrer Helden Munde,
Die mir, dem jüngeren, an Jahren weit,
Weit an Erfahrung überlegen sind,
Das bloße Klagewort erschallen. Sagt
Vielmehr, ihr Fürsten, was zu thun das Männer-
herz
Gebeut, es schnell zu thun gebeut bey der
Gefahr, die uns gemeinsam droht? — Wie? Soll
Unthätig, schwachen Weibern gleich, die nur
Mit eitlen Worten eitel kämpfen mögen, dem
Geschick ein Heldenheer erliegen? Wenn,

Wie ihr es ahnt, und ich es selber glauben muß,
Uns irgend einer Gottheit rachentflammter Zorn
Verfolgt, soll dann nach soviel Zaudern nichts
Geschehn, den Zorn zu wenden, den verderblichen?
Geschehen nichts, um auszusöhnen, was
Durch irgend eine Frevelthat verschuldet ist?

Menelaus.

Sie muß, und sey es mit dem Höchsten, Besten,
Beim Zeus! getilget werden diese Schuld.
Denn traun, bevor von uns nicht abgewälzt
Die Last des Zorns, eh' nicht getilget ist,
Was unrein klebt an unsern Händen, ha!
So lange trozt noch, ungestraft, mit neuem Hohn
Des Priamiden stolzer Uebermuth,
Der Stolz des schändlichsten Verführers, der,
Fluch über ihn und tausendfacher Fluch!
Sich in mein Haus nicht nur, o Schande! selbst
Sich in mein Ehbett stahl! mir raubte, die
Ich mir zum Eheweib erkoren, weh!

Und nun in Sicherheit, wie's Räubern ziemt,
Von seiner reichen Beute schwelgend zehrt.

Nestor.

Befürchte nichts, vor allen Griechen tief,
Sehr tief gekränkter Held. Sey's, daß auch jetzt
Ein Misgeschick uns von des Strebens Ziel
Entfernt: glaub mir, ich seh's im Geist, so lange
Der Ehre treu genährtes Feuer in
Der Heldenbrust von Hellas Söhnen lodert,
So lange glüht auch dir der Rache Funken noch;
Der Sturm erwacht urplötzlich einst, der ihn
Zur hellen Flamme bläs't, die Ilium
Verzehrt.

Menelaus.

O, daß in diesem Augenblick
Sie Priam's Stadt verzehrte mit der Natterbrut,
Die er gezeugt! — Ach, Helena, glaubt mir,

Ist die Bethörte nur. Zwar folgte sie
Mit leichtem Sinn der Stimme des Verführers
In sein verhaßtes Vaterland, des eignen Hauses
Ruhmvolle Zierden lassend; doch sie wäre
Mir treu verblieben, hätte nicht mit tausend
Verschmitzten Buhlerkünsten ihr so schlau
Der Phrygier das schwache Weiberherz
Umstrickt.

Achilles.

Drum soll er büßen, was er schwer
Verschuldet hat; nicht er allein, sein ganz
Geschlecht und Volk; da er nicht dir allein,
In dir zugleich dem ganzen Hellas Schmach
Bereitet. Denn entnommen, hoff' ich, wird
Durch Sühn' und Opfer bald von unsern Schultern,
Was jetzt uns hier so schmählig drückt; dann hält
Uns nichts mehr auf. Verderben folgt und Rache,
Wo wir uns nahn, mit schnellem Schritt; und wenn

Es dann der hohen Götter Wille ist,
Kehrt Helena, aus ihrem Wahn erwacht,
In deinen Arm zurück. — Doch nun laßt uns
Zu Agamemnon gehn. Denn ihm gebürts,
Der Feldherrn erstem, mächtigstem, zu wissen,
Was Volk und Heer, verzagend, wähnen, und
Mit ihm beschließen wir, was heilsam ist
Und gut.

Nestor.

Dort tritt er selbst aus seinem Zelt
Hervor. Sein Göttergleiches Haupt umwölkt
Die finstre Sorge; doch, mit Weisheit sinnend,
Wälzt er vor seinem Geist der schnellen Rettung
Heilsamstes Mittel schon.

Zweite Scene.

Die Vorigen. Agamemnon aus seinem Zelte heraustretend.

Agamemnon.

Was, wie es scheint,
Ihr mir zu sagen kommt, Gefährten meines Ruhms,
Und was mir eurer Augen trüber Blick
Verkündet, das entging dem meinen nicht. —
Ihr wißt, versammelt hatten sich schon längst,
Auf Menelaus Rachefiehn und meinen Ruf,
Die Völker Griechenlands an diesem Strand,
Auf tausend schön gezierten Schiffen harrend
Dem Herrscherwort, das ihnen, hoffnungsvoll,
Befiehlt der Anker schwere Last zu lichten.
Ein günst'ger Hauch des Windes schwellet schon
Gespannter Segel Busen auf; am Kiel
Der Schiffe bricht sich treibend schon mit Macht
Der dunklen Wellen schaumbedecktes Haupt;

Mit rüstger Eile stürzen sich die Schaaren
Der Helden in der Schiffe holen Bauch;
Ein frohes Jauchzen füllt das Meer, die Luft,
Und hallt vom hohen Vorgebirge wieder.
Nur noch ein einzger Ruf — und hin fährt sie,
Die Flotte, brausend, durch die grüne Flut,
Wie Zeus, des Donnrers, Wagen durch die Wolken,
Im Sturm der Rache Blitze tragend, rollt. —
Ha, Schrecken! Plötzlich fällt, erschlafft, der Segel
Gespannter Teppich ein; die Wolken fliehn;
Des Windes Hauch vergeht; die Luft wird still;
Es schweigt der Wogen holer Mund; gemach
Verziehet sich ihr reger Tanz, und vor
Uns spiegelt sich, so weit das Auge reicht,
In klarer, unbewegter Meeresfläche
Der Sonne nur zu heitres Angesicht.
Gefesselt liegt schon in des Hafens Bucht
Der Schiffe Schaar von neuem wieder. Wie

An jenem Unglückstag, so auch noch heut,
Bewegungslos das Meer! bewegungslos
Des ewig klaren Aethers blaue Höhe! —
Hoch zum Olympus steigt der Völker Flehn;
Doch ihn erreicht des Flehens Stimme nicht;
Denn unerhört ist sie geblieben, und
Der Krieger lang gehaltne Hoffnung sinkt. —
Es zürnt ein Gott, ihr Freunde, unserm Volke;
Doch mehr noch, als Gebet, verlangt sein Zorn
Von uns zur Sühne.

Nestor.

Eben deshalb, König,
Sind wir gekommen, um mit dir zu forschen,
wer
Von den Unsterblichen es sey, den wir
Beleidiget mit arger Frevelthat?
Wer selbst der Frevler sey? Ob hier im Heere,
Ob drinnen in des Vaterlandes Flur?
So wie, durch welches Opfer, welche Weihe,

Durch welch Gelübde auszutilgen sey
Die Schuld? —

Agamemnon.

Ich hab's zuvor bedacht. Schon forscht
Der Seher Kalchas nach der Götter Willen
Auf mein Geheiß. Durch ihn wird Phöbus uns
Belehren, was wir bang zu wissen streben,
Und was uns schwarz der Zukunft Nacht verbirgt. —
Er kommt. — Schon leuchtet uns sein heiliges
Gewand entgegen. Macht euch nun gefaßt,
Der Götter hohen Rath zu hören. Mögte
Sein weiser Mund uns nur, was Segen bringt
Und Heil, verkündigen!

Dritte Scene.

Die Vorigen. Kalchas naht sich langsam und mit Blicken der Verlegenheit.

Agamemnon.

Sey uns gegrüßt!
Wir harren dein, erhabner Seher, dem,
Was schon geschehen ist, und wie's geschah,
Und was geschehen soll, ein Gott enthüllt'
In heiligen Gesichten. Oeffne nun
Den Mund, und sprich ein Wort des Trostes aus.

Kalchas.

O, daß ein Andrer euch verkündigte,
Was ihr zu wissen sinnlos strebt, und euch
Zu wissen doch nicht frommt! —

Menelaus.

Wie? Scheuchst du uns
Mit neuer Unglückskunde noch des Trostes
Gepflegte, letzte Hoffnung fort? — Du bist

Bewegt; bang irrt dein Blick umher; gepreßt
Wird deine Brust von einer schweren Last.
Ha, noch verschließt dein heil'ger Mund uns irgend
Ein schreckliches Geheimniß, das die Seel'
Umsonst zu unterdrücken ringt.

Kalchas.

seufzend

So ist's!

Agamemnon.

Beginne dann. Wir sind bereit, zu hören;
Wir sind gefaßt. Nicht bloß der frohen Botschaft
Erharren wir; die Ahnung böser Schuld
Läßt uns vielmehr das Traurige befürchten.
Das Traurigste, das Schreckliche wird ja
Von uns, verschonend, noch die Gottheit wenden.

Kalchas.

Wenn's also wär', erhabner Völkerfürst,
Wohl dir, und deinem Hause Wohl! —

Agamemnon.

betroffen

Wie? Ist's
Nicht das? Ist es noch mehr? —

Kalchas.

O jammervoll
Geschick!

Agamemnon.

Ich hab's beschlossen, Griechenland zu retten,
Zu lösen ihm die Fessel, womit hier
Gebunden seine Kraft erlahmt. — Wohlan!

Kalchas.

Beschließe nichts! die Reue folgt der That! —

Agamemnon.

Beim hocherhabnen, allgewaltgen Zeus!
Ich strecke meine Hand empor zu seinem
Erhabnen Wolkensitz; ich schwör' es euch —

Kalchas.

ihm in die Arme fallend

Halt, Agamemnon! —

Agamemnon.

Hört, ich schwör's —

Kalchas.

Halt ein! —

Agamemnon.

Bey Jovis ew'ger Majestät! ich schwör's —

Kalchas.

Verlorner! —

Agamemnon.

daß ich, so viel liegt an mir
Und steht in meiner Kraft, in aller Griechen Statt
Und Namen tragen will, zur Mild'rung des
Erwachten Götterzorns; und daß ich eher nicht
Den Herrscherstab, den ich in königlicher Hand

Bisher mit Ruhm geführt, zum Zeichen des
Befehls hinfort ausstrecken will, bis rein
Getilgt ist das Verbrechen, und der Götter
Erzürntes Antlitz hold uns wieder lacht! —

Kalchas.

O Atreus unglücksvoller Sohn!

Ulysses.

Jetzt zögre
Nicht länger, Kalchas, denn des Königs Zorn
Ist fürchterlich, wenn er einmal erwacht.

Agamemnon.

bestimmt und mit fester Stimme zu Kalchas

Wer ist der Frevler unter uns, und was
Ist seine That?

Kalchas.

Du willst es, König; nun
Es sey! — So höre selbst, vernimm es dann

Mit wohlgefaßtem Muth, was selber — Du
Verschuldet hast. —

Die Uebrigen.

außer Agamemnon

Wie? — Agamemnon? —

Agamemnon.

Was?
Ich selbst?

Kalchas.

Kein Andrer.

Agamemnon.

Rasender! ich selbst?

Kalchas.

Wie ich gesagt, — du selbst. —

Agamemnon.

Rein ist mein Herz,
Und unbefleckt von Lastern diese Hand.

Kalchas.

Du irrst. Gieb Acht, daß neue Schuld dir nicht
Die alte häufe.

Agamemnon.

nach einer Pause

Nein, so weit ich forsche
Im Bilde des vergangnen Lebens, das
Vor meinem Geiste sich entrollt — ich finde
Der Thaten keine, die so großer Ahndung werth.

Kalchas.

Wie sich der schwache Sterbliche so leicht
Bethört!

Nestor.

O, größter aller Könige!
Im Leben eines Helden, eines Herrschers
Verschwindet unbemerkt und leicht und oft
Dem Auge, beim Gewühl der Thaten, die
Sich drängen — wie im Meere, wo sich Wog'

An Woge bricht — die That, die zwar nur klein
Und unbedeutend ist an sich, doch oft
Verheerend um sich greift und wächst in ihrem Lauf
Und Menschenrecht und göttliches zerstört —
Drum forsche weiter nach, bis du sie triffst.
Es lieben Reu' und offenes Geständniß
Die Himmlischen; doch dem beharrlichen,
Dem übermüth'gen Frevler, der sein Herz
Verstockt, ist die Verzeihung fern! —

Agamemnon.

Ich finde nichts! —

Kalchas.

mit feierlicher, orakelmäßiger Stimme

Der Götter Aug' sieht alles; Alles hört
Ihr Ohr. Gefährdet wird ihr ewig Recht,
Ihr Ruhm durch Menschenstolz und Uebermuth,
Wenn er, der Sterbliche, nicht einmal selbst
Die hohen Götter gegenwärtig wähnt! —

Agamemnon.

So hab' ich, unbewußt der Schuld, gefehlt?

Kalchas.

Du hast's. — Erinnerst du dich jenes Tages —
Bald war's nach deiner Ankunft hier in Aulis —
Als du am Rand des Haines, der Dianen,
Latonens keuscher Tochter, heilig ist,
Des scheuen Wildes Spur mit reger Lust
Verfolgtest?

Agamemnon.

Wohl gedenk' ich dieses Tages.

Kalchas.

Des Hifthorns Klang erscholl durch Berg und
Thal;
Der schnellen Hunde laut Gebell erfüllte
Den Forst; des rüstgen, muntern Jagdgefolges
Erhobnes Siegsgeschrei durchstürmte rauh

Die Flur, den Hain. Das aufgeschreckte Wild
Flieht muthlos vor dir her; und das erhitzte,
Unaufgehaltne Roß reißt dich, geblendet,
Im Taumel der entflammten Leidenschaft,
Weit mit sich — in Dianens heilgen Hain.

Agamemnon.

Wie? — Zu Dianens heilgem Hain? — Dorthin
Hat nur ein böser Dämon mich getrieben! —

Kalchas.

Auf einmal sieht dein spähend Aug' ein schön
Geflecktes Reh auf grüner, kräuterreicher Au'.
Nichts fürchtend, schuldlos, wie ein Lamm, pflückt es
Mit mildem Zahn den balsamreichen Halm.
Du hemmst des Rosses Flug, den Blick dir weidend
An dieses Thieres wundergleichem Bau,
An seines schön gefleckten Felles Glanz.
Doch bald erwacht die Mordbegier in deiner Brust.

Mit lautem Schlag klopft das erregte Blut,
Du hebst den starken Arm, du schwingst den Speer,
Dein Roß springt wiehernd an, es schwirrt
Der Speer, die Hindinn stürzt, und dampfend rinnt
Aus offner Brust das purpurrothe Blut.

Agamemnon.

Weh mir! Ich ahn' es schon: ich ward getäuscht!
Getäuscht, wie noch kein Sterblicher vor mir!

Ulysses.

Und diese Hindinn? —

Kalchas.

War Dianen heilig!

Agamemnon.

Dianen!

Die Uebrigen.

Weh! O dreifach Weh!

Kalchas.

Noch nicht
Genug. Drauf öffnest du, der stolze Sieger — denn
Fürwahr, der Feind, den du erlegt, war wohl
Des Ruhmes werth — mit eitler Prahlerei
Den schnöden Mund. „Diana selbst,, riefst
du,
„Würd' sichrer nicht den Speer gewor-
fen haben!,,

Agamemnon.

Schweig, Unglücksseher! schweig, ich bitte dich!
Es tönt in meinem Ohr von neuem wieder,
Erweckt, wie Donnerschlag, der Läst'rung Wort,
Das meinen Lippen damals kühn, wenn gleich
Dem Herzen schuldlos, unbewußt, enteilt.

Kalchas.

Diana hörte wohl, mit tiefem Grimme,
Ob deiner schnöden That, die selbst das Heilige

Nicht schonte, deiner Läst'rung Wort. Sie flehte
Zum hocherhabnen Zeus, zum ewgen Vater
Der Götter und der Menschen, jedes Frevels Rächer,
Nicht ungestraft zu lassen diese Schmach,
Die Schmach, die ihren Ruhm nicht nur befleckt,
Nein, jedes Gottes Ruhm. — Wie Zeus gestraft,
Nicht dich allein — das ganze Griechenland, —
Denn was ein König frevelt, leiden nach
Des Schicksals ewigem Gesetz die Völker —
Das wißt ihr alle nur zu gut.

Menelaus.

Ach, schon
Zu lange büßen wir die That! —

Agamemnon.

Du hast
Mein Herz gebeugt, erhabner Seher. — Hier

Der Schuldige steh' ich vor euch. Es will's
Das Schicksal so, und blind trift seine Wahl
Ein jedes Haupt in allem Volk. — Nun sag'
Auch mir das Einz'ge noch, was nur den Trost
Gewähren kann in meiner Noth: sag', welch
Ein Opfer fodert sie, die keusche Göttinn,
Die ich unwissentlich geschmäht? Verlangt
Sie's? Wie? O sprich! Es sollen Hekatomben
An jedem Altar bluten. Alles Volk —
Denn mich den Feldherrn liebt es — soll Gebet
Und Flehn bei ihrem heilgen Namen senden;
Auch hochgepriesen soll er werden durch
Des heilgen Hymnus feierlichen Klang;
Der ganze Antheil, der mir von der Beute
Des Krieges, den wir jetzt beginnen, wird,
Soll ihr geweihet seyn; in Argos soll
Ein Heiligthum sich ihr erheben, und
Auf immer soll, so lange das Geschlecht
Des Atreus noch auf Erden lebt, ihr am
Altar, in ewger Jungfrauschaft, die erst

Geborne dienen mit der Unschuld nicht
Beflecktem Glanz.

Kalchas.

Entlaß mich, König, jetzt
In Frieden; denn, was du von mir noch ferner
Begehrst zu wissen — ach! dein sonst so starkes,
Dein Heldenherz erträgt es nicht.

Agamemnon.

Nein! nicht
Von hinnen, bis du Alles mir enthüllt!
Ich will ihn ganz, den Kelch der Leiden, leeren.
Zum Unglück ist nun schon einmal ein jeder,
Von Tantalus unseligem Geschlecht
Entsproßner, ausersehn! ich will es dulden,
Sey es das Schrecklichste, was mich bedroht.

Nestor.

Versuch' nicht kühn des Schicksals Grimm!

Agamemnon.

Vollende!

Kalchas.

Ahnst du das Schreckliche noch nicht? — Sagt dir
Dein Schuldbedrängtes Herz noch nichts? —

Pause

Vernimm,
Unglücklichster von allen Sterblichen! —
Das Kind, das dir dein Weib zuerst
geboren —
Es ist zum Sühnungsopfer auserko-
ren! —

Agamemnon.

starrt, vor Schrecken betäubt, zurück

O Erd' und Himmel!

Einige der Uebrigen.

mit gleichem Entsetzen

Iphigenia?

nach einer Pause

Menelaus.

Du lügst, Unmenschlicher! du lästerst kühn,
Mit frevelhaftem Mund, die Gottheit selbst! —

Achilles.

zu Kalchas

Noch einmal sprich, wenn du es sinnlos wagst,
Der Unschuldvollen süßen Namen aus! —
Was? Iphigenia des Todes Opfer? —
Auf ewig dich verderbend trift mein Schwert
Dein eisgrau Lügnerhaupt, wenn einmal noch
Die Frevlerzunge den mir heilgen Namen
schmäht! —

Kalchas.

Halt ein, verwegner Jüngling, daß nicht auch
Dein Haupt der Göttinn zornentbrannte Rache
treffe,
Die euch durch meinen Mund befiehlt! —

Nestor.

Weh! Weh!

So will die grausam Zürnende das Liebste,
Was Götter Menschen je gewährten; von
Dem Vater selbst das Kind des Herzens sich
Geweiht zum blutgen Opfer sehn! —

Agamemnon.

Weh mir!

Und weh euch Allen, die ihr graunvoll mich
Umsteht, und mein Geschick mit Freundes Herzen
theilt!
Durch mich, durch mich, durch meine Vaterhand
Fällt Iphigenia, des Todes Opfer! —

Kalchas.

An dem Altare blutet selber sie —
Die Göttinn ist versöhnt; gestillt die Rache;
Das Heer führst du vor Ilium; eroberst
Die Stadt nach zehn mühvollen Jahren; rächst

Den Bruder, rächst den Gatten, rächst das Vaterland,
Und kehrst, mit ewgem Ruhm bedeckt und hoch
In aller Völker Mund gepriesen, wieder heim.

Agamemnon.

Hört ihr's, um diesen jammervollen Preis!

Kalchas.

Ist dir zu schwer das Opfer, mehr noch werth
Dein Kind, denn aller Götter Huld — nun wohl,
So bleibst du heim; das Heer zieht hin gen Troja;
Der Sieg ist — zweifelhaft — und neigt er sich
Doch endlich zu uns her, so trägt ein anderer,
An deiner Statt gewählter Feldherr
Des Ruhmes ewig grünen Lorber heim.
So spricht durch meinen Mund Diana selbst
Zu dir.

Achilles.

für sich

Es kann nicht seyn! — Nein; ich ertrag

Es nicht! — es darf das Ungeheure nicht
Geschehen! —

Agamemnon.

Iphigenia!

Kalchas.

Wie ihr
Es kühn von mir verlangtet, hab' ich euch
Der Götter hohen Rathschluß nun enthüllt. —

zu Agamemnon

Ich fühle mit dir deinen Schmerz; er ist
Gerecht. Wie ich ihn lindern soll, das weiß
Ich nicht. Du bist ein weiser, großer Held;
Du bist noch mehr — auch Mensch. Mir Schwa-
chen ziemt
Es nicht, zu rathen, wo der Gott in dir,
Was Recht vor Göttern ist und Menschen, dir
Allein gebieten mag. — Ich gehe; doch
Zuvor das Eine noch. Geschehe, was

Da will; was aber soll geschehn, verträgt
Den Aufschub nicht; jedwede Zög'rung bringt
Dir und dem Vaterlande neue Pein —

er geht

Agamemnon.

Warum, ihr Grausamen, verlangt ihr nicht
Mich selbst? Warum nicht mich, den Frevler?
ach!
Warum das unschuldvolle Kind? —

Kalchas.

indem er sich noch einmal wendet

O mit
Den Göttern, den gerechten, den allweisen,
Mit ihnen hadre nicht. — Sie wollens — das
Sey dir genug. Das Reine nur vermag
Zu tilgen die unreine, schnöde That! —

er geht ab

Vierte Scene.

Die Vorigen.

Alle in tiefem Schmerz versunken; eine Zeitlang tiefe Stille.

Nestor.

O König! dein ist nun die Wahl, die schwere —

Ulysses.

Und sie will bald getroffen seyn.

Menelaus.

Denk' an
Dein Haus; doch auch an mich. Noch mehr, denk' an
Dein Vaterland und an den Schwur, den du
Gethan. — Zwar bist du Vater, so wie ich
Mit dir durch brüderliches Band vereint,
Und deines Hauses Wohl ist auch das meine;
Doch bin ich Gatte, du bist Feldherr, dem

Die allgemeine Sorg' auf starken Schultern
ruht.
Du hast sie übernommen; thu', was dir
Geliebt; doch denk' an deine Pflicht! —

Agamemnon.

Was drängt,
Ihr Grausamen, was drängt ihr so mein
Herz? —
Verlaßt mich! Ueberlasset jetzt mich meinem
Unnennbar tief gedrungnen Schmerz allein.
Was ich beschließe, das erfodert Zeit.
Es ist kein Rath zu einem Kampf, den ich
Mit einem Feind beginne, dem ich gleich
An Macht, mit dem ich gleich an Waffen streite.
Nein!
Der Feind, der mich bekämpft, ist das Ge-
schick;
Zwar, wie es scheint, in meine Macht gegeben;
doch

Mit seiner Uebermacht mich drängend, daß,
Wohin ich mich auch wend', ich endlich doch
Dem Kampf erliegen muß. — Verlaßt mich! —
Geht! —

Nestor, Menelaus, Ulysses und Diomedes entfernen sich.

Achilles.

der in Verzweiflung dastand, sich auf Agamemnon stürzend

O Vater! -- denn mit diesem süßen Namen
Hofft' ich einst dich noch zu begrüßen — Vater!

Agamemnon.

ihn in seine Arme schließend

Mein Sohn! —

Achilles.

Denk' auch an mich!

Agamemnon.

ihn rasch aus den Armen lassend.

Fort! — du erschwerst
Mir meinen Kampf mit Zentnerlast!

Achilles.

Denk' auch
An mich und meine Liebe! —

er geht ab

Fünfte Scene.

Agamemnon.

nachdem er sich gesammelt

O ihr erhabnen Mächte, die ihr des
Olympus Höh'n bewohnt, die Völker, wie
Die Könige, mit einem Zepter gleich
Beherrscht; die ihr, was hoch ist, fallen, und,
Was niedrig ist, sich laßt erheben; die
Ihr gebt dem Mächtigen den Uebermuth,

Der ihm mit eigner Hand die Grube gräbt,
Worin er fällt; die ihr dem Weisen gebt,
Was ihn beglückt, dem Schwachen Stärke zu
Der Tugend Werk, und dem Verlaßnen Hülfe,
Dem Flehenden Erhörung; — gebt, o sendet
In meine Brust nur einen schwachen Strahl
Von eurer Weisheit ewgem Licht, damit
Sich mir der dunkle Pfad erhellen möge,
Den ich im Labyrinthe des Geschicks
Betreten soll! — Denn ausgebreitet liegt
Vor mir des Unglücks grauenvolle Nacht.
Wohin den Blick ich wende, nur erscheint
Die finstre Wüste. Kein ersehntes Licht
Winkt freundlich mir, nach langer Reise, durch
Des Lebens Dornenpfade süße Ruh. —
Laut tönt der Räche Ruf, die meinem Hause,
Die meinem griechschen Vaterlande wieder
Verlorne Ehre geben soll und Ruhm. —
Hier harrt ein Heer, das ich versammelt selbst,
Das meiner Herrscherstimme sich, auf meinen Ruf,

Vertraut. Dort glänzt des Sieges Lorber mir
Auf Troja's Trümmern; dort erwartet mein
Ein großer Ruhm, der mich und mein Geschlecht
Verherrlichen, erheben wird. — Doch hier —
Hier seh' ich — weh! — vom eignen Blut be-
spritzt
Und rauchend den Altar! — von Vaters-Hand
Geschlachtet das geliebte Kind! — In mein
Herz dringt der Opferstahl, und ewig wird
Die Wunde bluten, die ich selbst mir schlug! —

Er versinkt in tiefes Nachdenken

Zwar dämmert mir ein mattes Hoffnungslicht
Aus des Orakels Spruch entgegen; — leben soll
Die sonst dem Tod Geweihte — leben; —
Soll —
Wenn neue Tücken nicht das Schicksal ihr
Ersinnt, nicht unaufhörlich sie verfolgt —
In Liebe führen an des Helden Arm,
Dem schon in Mars Gefilden Lorber grünt,
Soll führen sie ein Leben, wie es einst

Die Götter selbst gelebt, da sie noch auf
Der Erde wandelten. —

mit immermehr steigendem Affect bis ans Ende

Doch ich — der Vater! —
Ich, der einst war ein hochgepries'ner König
Vor dem Argiver Volk, zu dem mit Hofnung
Und sicherem Vertraun das ganze Hellas
Erhob den sehnsuchtsvollen Blick, — ich, der
Ihm, in der Noth, zur Rettung Hülfe schwur,
Ich soll, dem zweifelhaften, trügerischen Glück
Es überlassend, ruhmlos, wie ein feiger
Entflohner Miethling, leben, o der Schande!
In des verrathnen Vaterlandes Schooß! —
Flieh, Agamemnon! fliehe vor dir selbst!
Flieh vor dem Anblick deiner Tochter! Nur
Zum Zeugniß eigner Schmach wirst du ihr Daseyn dir
Verewigen; mit eigner Hand wirst du
Auf ihre Stirn der Schande Brandmaal drücken;
Auf ewig wird sie seufzen, jammern müssen,

Daß Agamemnon sie gezeugt, der einst
So hochbeglückte — nun verworfne König! —
O Schicksal, deine Hand liegt schwer auf mir!
Woher die Kraft, die mich erhält? Woher
Der Muth, der mir das Schrecklichste zu tragen
Vergönnt? — Wohin ich sehe, nur die Klippe,
Die meines Glückes Schiff zerschellt! wohin
Ich fliehe, nur der offne Schlund, der mich
Und meinen schönen Ruhm so tief begräbt! —
Ihr Götter, wollt ihr euer Werk nicht ganz verderben,
So zeigt mir einen Weg aus dieses Irrsals Nacht!
Durch deinen Blitz laß, Donnerer, mich lieber sterben,
Eh' ich, was schändlich ist, vor mir und euch vollbracht! —

Sechste Scene.

Der Vorige. Menelaus und Ulysses treten schnell auf die Bühne; in der Folge Achilles und Automedon.

Ulysses.

Ein neues Unglück, Agamemnon, treibt
Uns her zu dir.

Agamemnon.

Was giebt's? Was kann es mehr
Noch geben? Ist noch nicht bis auf den Grund
Des Unglücks Maaß erschöpft?

Menelaus.

Ein schneller Tod
Rafft plötzlich in dem Heere unsrer Helden
Bewährteste hinweg. Es füllen sich
Die Zelte mit den Leichnamen der Krieger;
Der Sohn erblaßt in seines Vaters Arm;

Und jammernd blickt der Sohn auf seines Vaters
Entseelte Hülle hin. Das Angstgeschrey
Verdoppelt sich; laut fodert man von dir
Zur Rettung Hülfe, Sühne für die Götter.
Man droht mit schnellem Aufbruch; schon durch-
läuft
Das dir gewordene Orakel Heer
Und Stadt.

Agamemnon.

mit schmerzhaftem Blick zum Himmel

Wohl! Ich verstehe euren Wink,
Ihr Unerbittlichen! — O fasse dich, mein Herz!
Es ist ja nicht dein Werk! —

Menelaus.

Hast du beschlossen? —

Agamemnon.

Nicht ich! — Das Schicksal hat's! — Es
giebt, ich seh's,

Nun keinen Ausweg mehr. Das Loos, es ist
Gefallen! bluten muß das Opfer. — Wer?
Wer führt es her zu uns? —

Ulysses.

Wen meinst du, König?
Was für ein Opfer?

Agamemnon.

Wen? So fragst du grausam noch? —

Menelaus.

So ist's dein Wille?

Agamemnon.

rasch einfallend

Kann ich wollen? Muß
Ich nicht? Und darum, weil ich muß, kann ich
Mit meines Herzens Kraft nicht widerstreiten. —

mit furchtbar erhobner Stimme

Nun dann, so schweig' in mir des Herzens
Stimme!
Ich bin nicht Vater mehr, nicht Gatte mehr;

Ich hab' auch keinen Theil mehr an dem Glück
Des Lebens; ich bin euer Feldherr nur;
Allein ein unerbittlicher Vollzieher
Des ewig furchtbar unabänderlichen
Gesetzes der Nothwendigkeit! —

Während dieser Worte tritt Achilles, von Automedon begleitet, ganz im Hintergrunde auf die Bühne; betroffen bleibt er stehen; so daß er beim Abgange der Uebrigen von ihnen nicht bemerkt wird.

Menelaus.

Was willst
Du denn, das nun geschehen soll?

Agamemnon.
mit befehlender Stimme

Es sey!
Ulysses geht nach Argos, führt das Opfer
Uns unverzüglich her; durch welche List —
Gleich viel — und Kalchas zuckt den Opferstahl! —

Er verhüllt sein Gesicht mit dem Mantel und geht tief bewegt in sein Zelt. Ulysses und Menelaus entfernen sich nach der entgegengesetzten Seite.

Siebente Scene.

Achilles, Automedon hervortretend.

Achilles.

in heftiger Bewegung

So ist's entschieden? — Iphigenia
Soll sterben, bluten am Altar; und ich
Ein Zeuge des unmenschlichsten der Opfer seyn?
O du, von allen Vätern grausamster!
Du kannst es wollen? — Schrecklich! — Schweigt
in dir
Die Stimme der Natur? — Auf mich hoffst du
Nun, Iphigenia; denn dich verläßt des Vaters
Getäuschtes, Ruhm ergeizend Herz. — Wohl!
dich
Verläßt die Liebe nicht. Nur sie, sie muß,
Sie kann und wird dich retten. — Ja, sie solls! —
Automedon! getreuer, tapfrer Freund!
Auf, geh, nimm dir, doch unbemerkt den andern,
Das schnellste meiner Rosse. Wirf dich drauf!

Mit Windesflügeln eile hin nach Argos.
Komm dem verschlagnen, hinterlistgen
Ulyß zuvor. Sag' Iphigenien:
Achilles warne sie; nicht Ohr und Herz
Soll sie dem listigen Betrüger leihn;
Hier warte ihrer nur Verrath und Tod;
Selbst Agamemnon, selbst der Vater, sey
Betrogen, sammt dem Heer getäuscht! — Wohl-
an!
Du weißt nun alles. Geh und eile, ehe
Dich Jemand sieht — verräth!

Automedon.

Wie aber, wenn
Ulyß —?

Achilles.

Bedenke länger nicht; denn nur
Die Eile kann hier retten. Tod bringt die
Verzög'rung der Geliebten! — Geh! du thust

Es mir; du rettest mir das eigne Leben;
Du kannst des Lebens höchstes Glück mir geben!

Automedon.

Und sollt' ich auch die eigne Seele lassen,
Nicht unter Priesters Hand soll sie erblassen!

Sie gehen nach verschiedenen Seiten ab.

Zweiter Akt.

Pallast des Agamemnon zu Argos. Vorhalle, von Säulen unterstützt, durch welche man eine daran stoßende, ländliche Gegend sieht, die von der Morgensonne erleuchtet wird. Im Vorgrunde der Bühne steht ein Altar.

Erste Scene.

Iphigenia.

tritt aus dem Pallast in die Halle

Verweile länger nicht, mein Fuß, im dunkeln
Gemach! — Es schwebt der Morgen schon empor;
Mit Rosenfingern färbt er Land und Meer;
Auf jedem Baume, jedem Rasen glänzt
Sein Perlenthau, und balsamreich Gedüft'

Entsteigt der Flur, dem Hain. — Hinaus, hinaus!
Hin an den Busen der Natur! — Es quillt
Die Freude mir aus ihrer Mutterbrust;
Von ihrem holden Angesichte lacht
Mir hell und ungetrübt die Wonn' entgegen;
Mit keinem Klageton vermischt, erschallt
Ihr heiliger Gesang in mein erfreutes Herz. —
Wie sie mir winken, mit dem hold verschämten
Blick,
Die keuschen Rosen! Wie sich so bescheiden
Der Lilien balsamreicher Kelch geöffnet,
Gekleidet in der Unschuld reinstem Glanz! —
Der Lorbeer rauscht, und Zephyr's sanfter Hauch
Durchsäuselt mir der Liebe heilig Laub. —
Fort! hin zu euch, ihr Freunde meiner Jugend!
Gepflückt mit reiner Hand — von euch, und nur
Von euch erborgt die Jungfrau ihren schönsten
Schmuck. —

Hüpfend eilt sie durch die Säulenöffnungen in die Flur, wo man sie im Hintergrunde der Bühne Blumen pflücken siehe.

Zweite Scene.

Iphigenia im Hintergrunde. Nach einer Weile tritt Klytämnestra mit angstvollen Blicken auf.

Klytämnestra.

Wo ist sie? — Weh! Aus meinen Armen schon
Entrissen? — Schreckt des finstern Traumes Bild
Noch immerfort mein mütterliches Herz?
Wie? Oder hat die räuberische Hand,
Die ich dem Lager der Unschuldigen
Sich nähern sah', mit kühnem Frevel mir
Mein Kind nur zu gewiß entwandt? — Wo bin
Ich? — Träum' ich, oder glänzt in Wahrheit schon
Des Lichtes Strahl, von Phöbus Angesicht,
In mein erwachtes Aug'? —

Sie erblickt Iphigenien auf der Flur

Wohl mir! — O Dank,

Ihr guten Götter! Dank! — dort — dort erblick'
Ich sie, ein wohlbewahrtes Kleinod, in
Dem heilgen Mutterschooße der Natur. —
Wie unbewußt des mütterlichen Kummers,
Die Nymphe dieses Thals, sie froh durchtanzt
Die Blumenau'! — O glücklich, selig Loos
Der unschuldvollen Jugend, die noch nichts
Empfindet von des Lebens schwerer Müh';
Von jenem Sturme noch nichts ahnet, der,
Mit ungebeugter Kraft, das Glück der Sterblichen
Zerstört! — Nur sie, die guten Götter, sieht
Ihr Aug', verehrt ihr liebend Herz mit heilger Scheu;
Nicht jene furchtbarn Mächte fürchtet sie,
Die, sonder Maaß und Ziel, verhängen über das
Geschlecht der Erdenkinder ihres Zorns
Unaufgehaltne Wuth. — O laßt, ihr Himmlischen,
Ihr ganzes Leben seyn, wie ihres Daseyns hell

Erwachten Morgen! Sichert ihr mit Huld
Der Unschuld theuren Schatz! Gebt Freud' und Ruh'
Der reinen Seele immerdar! Stärkt ihr
Den hohen Sinn, mit dem sie für die Tugend
Erglüht, und krönt durch eines Helden Liebe,
Der einst der Stolz des Vaterlandes wird,
Des tugendhaften Weibes höchstes Glück! —

Iphigenia.

mit Blumen leicht bekränzt, und einen Korb voll Blüten und Laub tragend, hüpft ihrer Mutter entgegen, die sie in ihre Arme schließt.

Bist du mir schon gefolgt, geliebte Mutter?
So frühe schon dem Arm des Schlafs entflohn?

Klytämnestra.

Ein banger Traum entriß mich seinem Arm.

Iphigenia.

Der böse Traum! Warum mußt' er dich wecken!

Ich wünschte doch, du schlummertest noch sanft. —
Sieh, diese Blumen wollt' ich dir, bevor
Du noch erwacht, aufs mütterliche Lager streun,
Damit ihr süßer Duft dein Herz erquickte,
Und wenn der erste Strahl Aurorens dein
Gemach erhellen würde, gleich dein Blick
Auf meiner Liebe schuldlos Opfer fiele. —

Klytämnestra.

Nimm diesen Kuß zum Dank dafür. Wie lohnt
Mich deiner reinen Liebe Hochgenuß! —
Wie süßt er jede Bitterkeit des Lebens mir! —
Und dennoch, Iphigenia, — vergieb
Dem Mutterherzen diese bange Furcht —
Wenn einst des Schicksals mächtge Hand — denn ach!
Zu schwer traf sie von jeher das Geschlecht,
Dem du entsprossen — auch sich wider dich
Erhöb', auch du dem zürnenden Geschick
Ein unverschuldet Opfer fielst —

Iphigenia.

Warum,
Geliebte Mutter, sollten mir erzürnt
Die Götter seyn? Mir, die ich nichts vollbracht,
Was ihrem heilgen Willen widerstrebt?
Send' ich nicht täglich mein Gebet zu dem
Olymp? Bring' ich nicht Opfer dar, zum Dank
Für ihre Huld? Wallt nicht mein Hymnus mit
Der Weihrauch Wolk', die dem Altar entsteigt,
Rein zu des Aethers Höh' empor? — Ach! hätt'
Ich je der Menschheit Recht entehrt? — hätt' ich,
Was göttlich ist, entweiht? — hätt' ich den Zorn —

Klytämnestra.

Beruhige dein Herz, mein Kind. Noch sind
Dir hold die guten Götter; doch aus des
Verhängnisses geheimnißvoller Urne
Fällt oft dem Sterblichen ein Loos, dem er

Umsonst nur widerstrebt; fällt unverhofft,
Ihm unbewußt, bis an dem Tag des Wehs
Sich ihm die Hand des Schicksals offenbart. —
Denk nur an deines Stammes unglückliche
Entsproßne, Tantal's tief gefallne Schaar. —

Iphigenia.

Ach, wohl erinnr' ich mich, wie du mir oft
Vom grausen Falle meines Stamms erzählt.
Doch Tantalus und Pelops und Thyest
Und Atreus, der Erzeuger meines Vaters,
Die des unseligen Geschicks so viel
Betraf, die, wie von Furien gepeitscht,
Selbst wider eignes Blut mit wilder Hand ge-
tobt —
Nur Frevler waren sie, und trugen keine Scheu
Vor Göttlichem und Menschlichem. Was sie
Erduldet, war's nicht mehr der eignen Schuld
Erzwungene, gerechte Ahndung, als
Des unverschuldeten Geschickes Last? —

Sie sind dahin, und ihre Enkelinn
Beweint nur ihren Fall. — Doch auf ein schön'-
res,
Erhabnes Beispiel laß mich schauen mit
Vertrauensvollem Sinn. Noch preiset es
Der Sänger Hochgesang, und ewig wird's
Gepriesen werden in der Nachwelt Mund.
Wie hebt sich meine Brust! wie, mit Begeisterung
Erfüllt, erweitert mir die Seele sich,
Wenn ich Alzeste'ns Namen höre, von
Des Sängers Lyra laut ihr Lob ertönt!
Wie sie das eigne Leben gern und willig dem
Gemahl geopfert, zu dem Tartarus
Freiwillig stieg, um frei zu lösen, weil's
Des Schicksals Spruch also gefodert, von
Dem stygischen Gestade seinen Geist.

Klytämnestra.

O viel, viel giebt's der edlen Dulder noch,
Die, von der Götter Hand erhöht, und zu

Genossen der Freuden des Olymps geweiht,
Nachdem des Schicksals Last sie hier zermalmt. —
Laß sie die hohen Muster seyn, woran
Dein Geist sich bildet, sich dein Muth bewährt;
Denn ach! vielleicht — vielleicht bedarfst du
sein! —

Sie umarmt Iphigenien mit Inbrunst; dann entfernt sie
sich mit besorgnißvollem Blick.

Dritte Scene.

Iphigenia,
ihr betroffen nachsehend

Was ist's, das meiner Mutter Herz so bang'
Bewegt? — Ist's böse Ahnung? Kann ein
Traum
Der Seele Heiterkeit ihr rauben? Nur
Mit schwarzen Bildern das Gemüth erfüllen? —
Ich mag's nicht denken, daß dem Vater, daß
Dem Heer ein Unfall zugestoßen sey,

Von dem die Kunde sie mir noch entzieht. —
Wär's möglich? Könnte selbst die Kraft des Helden
Ein Unglück beugen, das sein Haupt bedroht? —
Wenn's mein unschuldig Flehn vermag zu wenden,
Wie gern streck' ich die Hand empor
Zum Himmel für des besten Vaters Wohl.
Doch mehr als Weihrauch und den süßen Duft
Von diesen selbst gepflegten Blumen kann
Die Jungfrau euch nicht weihn, ihr Himmlischen,
Da sie des eignen Hauses sich noch nicht
Erfreut; doch dies bring' ich mit reinem Sinn.

Sie nimmt Blumen aus dem Körbchen, und bestreut den Altar, hängt einen Lorberkranz an denselben, und streut Weihrauch in die Flamme.

Ihr Götter, denen dieser Altar heilig,
Die ihr des Hauses Schutz und Beistand seyd,
Nehmt diese reinen Gaben huldvoll an!
Nehmt diesen Lorbeer, womit ich den Thron

Des ruhmerhöhten Königes zu schmücken
Gedacht, nehmt ihn, ein kleines Opfer, an
Von meiner schwachen Hand! — Euch, euch gebürt
Sein Ruhm, sein Glück! — Zu euren Füßen leg'
Ich diesen Siegerschmuck. Kränzt ihr damit
Sein königliches Haupt, und führt ihn, unverletzt,
Aus heißem Kampf und dem Gewühl der Schlacht
In dieses Haus, in seiner Tochter Arm,
Wenn ihr's bey euch beschlossen habt, zurück! —

Während der letzten Hälfte des Gebets erscheinen Ulysses und Diomedes, beide in Reisemäntel gehüllt, im Hintergrunde. Ulysses giebt durch Zeichen dem Diomedes zu verstehen, daß dies Iphigenia sey.

Vierte Scene.

Iphigenia. Ulysses. Diomedes.

Ulysses.

zu Diomedes

Das ist sie selbst. Nun laß uns näher treten.

sich Iphigenien nähernd, die sich von ihrer Gegenwart überrascht sieht

Die Götter, edle Jungfrau, mögen dein
Gebet erhören; denn der fromme Blick,
Den du, voll innigen Vertrau'ns, zum Himmel
Erhobst, sagt uns, daß du, was recht nur ist,
Von ihnen hast erfleht; und sie gewähren
Des Frommen Bitte gern. — Doch sag' uns, ob
Wir recht vermeinen, dies sey Agamemnon's Haus,
Des hochbeglückten Königes, — den lange
Der Götter Huld erhalten mag! — denn wir
Sind fremd und unbekannt in Argos, heut
Zum erstenmale hier; obgleich des Hauses,
Vor andern schön geschmückte, Halle und

Der Raum, den prachtvoll es erfüllt, uns kaum
Noch zweifeln läßt, daß wir gefunden, was
Wir suchten.

Iphigenia.

indem sie Anfangs sich etwas schüchtern zurückzieht

Wohl. Ihr irret nicht. Wer ihr
Auch seyd, geliebte Männer, seyd gegrüßt
An dieser Schwelle! Dies ist Agamemnon's
Haus,
Des hochbeglückten Fürsten der Argiver.
Doch er, der König selbst, ist nicht daheim.
Er führt des Vaterlandes Heer gen Troja,
Damit er selbst die Schmach vertilge, die
Ein Frevler seinem Hause zugefügt.
Doch drinnen waltet sie, die Königinn,
An seiner Statt, die euch, wie's Fremdlingen
Gebürt, der Gastfreundschaft uns heilges Recht
Gewähren wird.

Sie ist im Begriff, sich zu entfernen.

Diomedes.

Nur sie, die Königinn,
Begehren wir zu sprechen, denn vom Könige
Sind selbst wir abgesandt.

Iphigenia.

Ihr kommt vom Heer?
Von Agamemnon selbst? — O, so verzeiht
Der Jungfrau, daß sie länger noch bey euch,
Den Fremdlingen, verweilt! o, sagt mir, sagt,
Eh' weiter ihr noch geht: der König lebt?
Und alles stehet wohl?

Ulysses.

Der König lebt.

Iphigenia.

So sey den hocherhabnen Göttern Dank! —
Ihr kommt von Aulis — harrt das Heer noch dort?

Es ist schon lange, daß ihr da gelagert!
Hält euch ein Unfall gar zurück? —

Ulysses.

Ein Heer
Bedarf zur großen Rüstung Zeit; und wenn
Zumal die Rache drängt, ist jede, selbst
Die kleinste Rast, die in der nöthigen,
Verständ'gen Vorbereitung liegt, zuwider —
Ein Unfall, wenn du willst. Doch kühlt sie nimmer
Der Griechen Feuer, das sie stärker nur
Entflammt.

Iphigenia.

Wird aber nicht der längere
Verzug euch selbst zur Last? Der Helden Seele liebt
Ja wohl die Ruhe nicht, und lange Muße, sagt
Man, lähmt des Körpers und der Seele Kraft.

Ulysses.

Du würdest, edle Jungfrau, sähest du
Das Lager nur mit eignen Augen an,
Das Treiben und das Wogen überall
Der Männer und der Schiffe staunend sehn,
Und in der Muße selbst, fürwahr, die Ruh'
Vermissen. Denn was oft der Wanderer,
Auf langer Reise, hier und dort nur sieht,
In Städten und in Ländern fern zerstreut,
Das würdest du, von einer Höh' zumal,
Mit einem Blick umfassen; wie von Künstlers Hand,
Auf einem prächt'gen Teppich, mit der Farben Glanz
Gezaubert, unserm Aug' im kleinen Raum,
Ein reiches, mannichfalt'ges Bild sich zeigt.

Iphigenia.

Wenn euch die Eil' nicht dränget, ihr nicht zürnt
Der Neugier eines unerfahrnen Mädchens,

zu Ulysses

So sag mir, guter Fremdling — denn du scheinst
Ein kluger, wohlerfahrner Mann zu seyn,
Und ich vernehm' es gern — was sich im Heere,
Was sich im Lager, wo der König waltet,
Und das der Freunde unsers Hauses mehr
Noch birgt, was sich dort alles froh begiebt;
Denn eines Helden Tochter bin ich zwar,
Doch dieses Aug' sah nie ein Heer, sah nie
Ein Lager, nie des Kriegesgottes wild
Bewegten Tummelplatz.

Ulysses.

Sehr gern erfüll'
Ich deinen Wunsch. Es ziemt des Helden Tochter, daß
Sie auch nach dem wohl frage, was dem Vater Lust
Und Freude giebt, und wo des Hauses Ruhm
Erwächst. — Weit hinter Aulis, wisse, dehnt,

Bis an Euböa's unscheinbare Küste,
Die Meeresfläche des Euripus sich.
Zwei Busen, einen größern, einen kleinern,
Gewann der Meeresgott, zu Schutz und Schirm
Der Schiffenden, zwei sichre Hafen, einst
Dem felsigten Gestade ab. Der größ're nur
Umfaßt der Schiffe zahllos Heer; denn mehr
Als tausend birget schon sein weiter Raum.
Ein dichter Wald von Masten starret aus
Der Meeresfluth empor. Geordnet nach
Der Völker Vaterland, und ausgezeichnet durch
Der Führer sinnreich ausgedachtes Waffenbild,
Siehst du, in langen Reihn, die Flotte liegen.
Nah am Gestade, zwischen Aulis Meer=
Umwogten Mauern und Diane'ns Haine,
Bedeckt das offne Feld der Zelte leicht
Erbaute, leicht zerstörte Stadt, weil nirgends
Erbaut der Krieger sich ein festes Haus,
Wie's ihm die Ruh' des Friedens wohl vergönnt.
Dies ist der Hoffnung und des trügerischen Glücks,

Des jugendlichen Leichtsinns, wie der Feldherrn
Ernsthafter Ueberlegung, wie der Kurzweil,
Des edlen Heldenspiels, der Rache und
Der glühend heißen Tapferkeit, mit Lärm
Und Klang und weit erschallendem Getös'
Furchtbar erfüllte Lagerstatt. — Dort hört
Dein Ohr der muth'gen Rosse Wiehern; hier
Ertönt der Schild' und Panzer, Schwerter, Lanzen
Gemischtes, heiseres Geklirr; dort schallt,
Aus weiter Fern', ein rauher Schlachtgesang; —
Hier freut beym reichern Mahl der Fürst, dort bei
Dem kärglichern, wie's Glück und Ort gewähren,
Ein Haufen Krieger sich des Bacchus Gaben,
Vergißt das väterliche Haus, den Krieg
Mit allen seinen Schrecken, träumt ein Gott,
Ein Bürger des Olympus sich. —
Doch hier
Zieht jetzt dein Aug' der göttergleichen Fürsten

Erhabene Gestalt an sich. Wie sich
Im Wald, mit niederem Gesträuch vermischt,
Hoch über der unedlen Häupter weg,
Die schlanke Palm' erhebt mit edlem, Frucht-
Geziertem Wipfel, und dein Auge ruht
Mit Lust auf dieses königlichen Baumes,
Zum Himmel stolz gekehrtem Wuchs; so ragen,
Vor allen andern erzumschirmten Griechen,
Achaja's Fürsten deinem Blicke vor.
Dort mit gewandtem Arm treibt Patroklus
Des Diskus glänzend Erz hoch in die Luft,
Und labt sich an dem wohlgelenkten Fall.
Hier siehst du unter jenes Zeltes bunt
Gewirktem Teppichdach die beiden Ajax,
Den Sohn des Telamon, und den Oileus hat
Erzeugt, in brüderlicher Eintracht, mit
Der bunt gefleckten Würfel Spiel die Zeit
Verkürzend tilgen, die annoch die Schlacht
Nicht füllt. Den du dort siehst, im schnellsten Lauf,
Dem ferngesteckten Ziel entgegen stürzen,

Das ist Meriones aus Kreta, dem
Im Wettlauf keiner je den Preis entrang.

er faßt Iphigenien scharf ins Auge

Und der, der hier, mit hochumbuschtem Helm,
Am Arm den goldnen Schild, ein andrer Mars
An Muth und an Gestalt, den schweren Spieß
Mit sausendem Geräusch, wie Zeus herab
Die Blitze, schleudert, das ist Peleus Sohn,
Des weisen Chiron kunstgeübter Zögling
Und Fthia's hoffnungsreicher Fürst, Achill —

Iphigenia.

begeistert

Achill! Achill! O, nenne seinen Namen mir
Noch einmal, theurer Mann! Wie du ihn schilderst, ja,
So tritt er kühn einher, ein Kriegesgott
Im Streit, und in des Friedenshütte ein
Apoll, wenn süß von seiner Leier tönt
Der sanften Liebe hoher Lobgesang. —

Fünfte Scene.

Die Vorigen. Klytämnestra schnell eintretend und Iphigenien zurückziehend.

Klytämnestra.

Was hör' ich, Iphigenia? Was für
Ein Rausch ergreift dein schwindelnd Herz? —
Was seh' ich! — Wie? Wer sind die Fremdlinge?

Iphigenia.

wie vorhin

Vernimm, wie dieses Mannes honigsüßer Mund
Vom Lob des Heißgeliebten überströmt. —

zu Ulyß

Sprich weiter! rede mehr —

Klytämnestra.

Hinweg! — Du bist
Von Sinnen.

zu den Fremden

Ihr verzeiht die Schwärmerei. —

Wer aber seyd ihr, und was führt euch her
Zu mir? Von wannen kommet ihr?

Ulysses.

Heil dir,
Erhabne Königinn, und deiner Tochter! denn
Ich seh's an dieser schönen Flamme, die
In ihrem reinen Herzen brennt, sie ist
Die Tochter Agamemnon's, Iphigenia,
Achill's verlobte, holde Braut. —

Klytämnestra.

Wer bist
Du, Mann? Und wer gab Kunde dir von dem,
Was nur bis jetzt war ein Geheimniß in
Des nächsten Freundes Brust?

Ulysses.

Es war uns kein
Geheimniß längst, o Königinn. Schon harrt

Das ganze Heer der Griechen — denn ich komme
Von Aulis her — mit Ungeduld auf dich
Und deiner Tochter Ankunft dort.

Klytämnestra.

Ich bin
Erstaunt. Wie, guter Freund, kommst du dazu,
Mir solche Mähr zu bringen? Weiß ich selbst
Doch nicht, was mich dahin zu gehen könnte
Bewegen; denn ich bin ein Weib, und trage
Des eignen Hauses Sorge. Dort im Lager
Herrscht rauhes Kriegsgetös', das nur das Ohr
Des Weibes und der Jungfrau übertäubt,
Und ihren sanftern Sinn verletzt, statt zu
Ergötzen.

Ulysses.

Staune nicht. Uns sendet dein
Gemahl. Ich bin Ulyß, Laertes Sohn,

Des felsenreichen Ithaka's, auch dir
Nicht unbekannter, König.

Klytämnestra.
erstaunt

Wie?

Iphigenia.
eben so

Ulyß?

Ulysses.

Ich bin's; und dieser hier ist Diomed,
Des Tydeus Sohn.

Klytämnestra.

Wenn ihr es seyd, so grüß'
Ich euch, geehrte Helden, wie es sich
Gebürt. Was aber kann zu uns euch führen,
Da jetzt die Heldenkraft des ganzen Hellas
Mit Eil' sich rüstet, zu der Rache Werk;

Wie ich vermeinte, schon von Aulis fern,
Gelandet an des Feindes Küste, Sturm
Und Fall der stolzen Pergama bedroht?

Diomedes.

Noch weilen wir in Aulis, auf der fern
Entlegnen Völker Ankunft harrend; doch
Wird bald der Anker Last gelichtet seyn,
Und nichts mehr hemmen unsern Siegesflug,
Wenn noch zuvor sich froh erfüllen wird,
Was uns des Schicksals Spruch, zum Unterpfand
Des Sieges, gnädig hat verkündiget.

Ulysses.

Deshalb schickt Agamemnon uns zu euch.

Klytämnestra.

Zu uns? — Was können wir dem Heer gewähren,
Das ihm den Sieg gewinne? Was verlangt
Von uns des Schicksals Spruch?

Ulysses.

Kein Opfer; nur
Beschleunigung des frohen Bundes, der
Schon längst beschlossen war. Der König, dein
Gemahl, will Iphigenien, noch vor
Des Heeres bald'ger Abfahrt, mit Achill
Vermählet sehn. —

Iphigenia.

für sich

Ihr Götter! hör' ich recht?

Klytämnestra.

betroffen

So schnell? — So unverhofft? — Das war
sein Wille nicht,
Da er von uns geschieden.

Diomedes.

Auch Achill
Wünscht es, und freuet sich des nahen Glücks.

Klytämnestra.

Das überrascht mich; ich gesteh' es frei.

Ulysses.

Das Heer soll Zeuge seyn des frohen Bundes;
Ganz Griechenland, durch seiner Helden tapfersten,
Soll Theil an dieser Feier nehmen, die
Ein Fest des ganzen Vaterlandes wird.
Dies Fest soll jener mächt'gen Gottheit Zorn,
Die Helena so tief, durch jenen Bruch
Des eng geschloßnen Bund's, beleidiget,
Versöhnen nach der Götter hohem Rath,
Austilgen diese Schmach. Denn eher wird
Der Sieg nicht unser Theil, nicht eher fällt
Durch unsre Hand die stolze Priamsburg.

Klytämnestra.

Was ihr mir sagt, geliebte Männer, sey's
So schön, so groß und freudenvoll es wolle,
Es kommt mir unerwartet doch, bestürmt

Auf einmal fast zu sehr das weibliche
Gemüth.

Ulysses.

Ich glaub's; doch ist es nicht zu ändern,
Und es erleidet nicht Verzug. Wir sind
Bereit, dich und die wohlgeschmückte Braut
Und die Geschenk', die sie dem Manne bringt,
Nach Aulis sicher zu geleiten; denn
So will's der Vater, will's Achill, die euch
Der Freunde Schutz vertraun.

Klytämnestra.

Zuvor räumt mir,
Der Mutter, eine Frage billig ein.
Der Zeiten Fährlichkeit ist groß, zumal
Im Krieg, wo Freund und Feind die List nicht
scheut.
Nie hab' ich euch zuvor gesehn; woher
Soll ich es wissen, daß ihr seyd gesandt

Von Agamemnon, daß du bist Ulyß,
Laertes Sohn, und dein Gefährte, wie
Du sagst, des Tydeus, Diomed? — Was gebt
Ihr mir zum sichern Unterpfand für das,
Was ihr gesagt? Den Fremdlingen kann
sich
Das Weib, die Mutter ihre Tochter nicht
Vertraun.

Ulysses.

An deinem Argwohn, Königinn,
Der so gerecht und billig ist, erkenn'
Ich Agamemnon's kluge Gattinn. Ich
Erfülle dein Verlangen. Auch sind wir,
Um ihm zu gnügen, selbst vom Könige
Gerüstet.

Er zieht einen Siegelring hervor und giebt ihn der Königinn.

Hier leg' ich in deine Hand
Sogleich den königlichen Siegelring,

Den er an seinem Finger trägt. Du wirst
In jenem Kleinod, das der goldne Reif
Umschließt, das Sinnbild nicht verkennen, das,
Mit kunstgeübter Hand, der Meister hat
Darauf gebildet, eine schöne Zier. —

Klytämnestra.

Ich seh's; er ist des Königes. — Ich kann
Dir ganz nunmehr vertraun; ich muß.

Ulysses.

zu Iphigenien, indem er einen kostbaren Schleier hervorzieht und ihr denselben übergiebt

Und der
Geliebten schickt der Held, der dein mit heißem Wunsch
Begehrt, der dich als Gattinn bald begrüßen wird,
Dies festlich glänzende Gewand, damit
Dein holdes Antlitz zu verhüllen, wie
Von den Verlobten heilge Sitt' es heischt.

Iphigenia.

den Schleier annehmend und ihn entfaltend

Sieh, Mutter! sieh, dies köstliche Gewand! —
Mir schickt's Achill! — Nein, Mann, du täuschest nicht;
Mir sagt mein klopfend Herz, du kommst von ihm. —

Klytämnestra.

So folgt mir denn, geliebte Freund', ins Haus,
Damit ich euch vermag die heilge Pflicht
Der Gastfreundschaft bei frohem Mahl zu leisten.
Dann wollen wir, zur schnellen Abfahrt, mit
Bedacht uns rüsten, und dem guten Glück,
Im Schütz so tapfrer Helden, uns vertraun! —

Sie gehen alle in den Pallast.

Sechste Scene.

Automedon

tritt nach einer kleinen Weile auf.

Den Göttern Dank, die sonder Rast mich her
Geführt, die meinen Weg mit Huld geschützt! —
Zur rechten Zeit betret' ich diesen Ort.
Noch find' ich der Betrüger Spuren nicht;
Dem Freunde hoff' ich die Geliebte noch
Zu retten. — Stilles Haus! für jetzt der Unschuld Sitz,
Der heilgen Liebe Pflegerinn! noch füllt
Kein Seufzer deine Hallen; noch ergötzt
Vielleicht ein holder Traum auf sanftem Lager
Mit des Geliebten Bild die keusche Jungfrau.
Der Zukunft Glück umfaßt, vom Argwohn leer,
Der Mutter Seele ganz. — Doch bald wird euch
Der Warnung Stimme schrecken; bald ertönt,
Vom Angstgeschrei der Mutter, der Geliebten,

Von Klagetönen der Verzweifelung,
Die alte Burg der Tantaliden wieder. —
Ich darf, ich kann's nicht hindern. Mein Geschick
Treibt mich, des Unglücks Bote nur zu seyn. —
Wacht auf! Es droht Verderben euch! Die List
Schleicht eurem Lager zu! — Was zaudert ihr? —
Ich sehe Niemand; Niemand kömmt heraus.
Fort! Fort! hinein in den Pallast! — Achill
Ruft mir! es dränget die Gefahr! — Wohlan! —

Indem er in's Innre des Pallastes gehen will, kommen Ulysses und Diomedes aus demselben ihm entgegen.

Siebente Scene.

Automedon. Ulysses und Diomedes.

Automedon.

vor Schreck zurückprallend

Es ist geschehn! — Sie ist verloren! — Weh!

Ulysses.

über seinen Anblick stutzend zu Diomedes

Hier nähert sich Gefahr. Es gilt. —

zu Automedon

Was bringst

Du, Freund, so unerwartet uns in Argos?

Automedon.

Unsel'ge! welche Furie trieb euch an,

Mit Windesflügeln euren Lauf zu fördern? —

Diomedes.

Bist du gekommen, zu vernichten, was

Wir klug gethan; dann rath' ich dir: kehr wieder

heim,

Woher du kamst. Für dich giebt's kein Geschäft

Mehr hier.

Automedon.

So habt, ihr Hinterlistigen,

Schon den Betrug gespielt? Die Unschuld schon
Berückt? Gefallen ist in euer Netz
Das Opfer rettungslos?

Ulysses.

Was nennst du List?
Betrug? Gilts meinen Vortheil hier?
auf Diomedes deutend
den seinen?
Ist's nicht das Vaterland, nicht Agamemnon, der
Uns sendet? Ist es nicht der ewge Ruhm
Des griechischen Volks, den wir, so viel an uns
Ist, fördern? Ist es nicht der Götter Wille? —
Das
Nennst du Betrug? Und trägst nicht Scheu, der
kleinern,
Unmännlicheren Leidenschaft zu fröhnen?

Automedon.

O schweig! Dein eignes, trügerisches Herz

Kennt nicht die Schaam. Ihr wollt den Doppelsinn
Des Göttersspruchs nicht sehn. Wer hat euch denn
Gelehrt, zu eurem Vortheil nur zu wählen, wenn
Es gleich dem Andern Tod, Verderben bringt?
Es gilt des königlichen Hauses Wohl;
Es gilt das Leben einer Griechinn hier;
Des Freündes Glück. Barbaren ziemt es nur,
In eignes Blut die Hand zu tauchen. Seyd
Ihr Menschen? Seyd des Vaterlandes Freunde,
Wenn ihr zu seiner Töchter Mord die Hand
Gereicht?

Ulysses.

Wir haben uns're Pflicht gethan.
Nur uns sind wir zur Rechenschaft verbunden.

Automedon.

Ich thu' die meine. Wagt es nicht, zu hindern!

Mit Donnerstimme will ich das Sirenenlied
Vernichten, womit ihr die Unschuld in
Den Todesschlaf gesungen. Kost' es selbst
Das Höchste! —

Er will in den Pallast, Diomedes vertritt ihm den Weg.

Fort von hier!

Diomedes.

Nein! Keinen Schritt,
Verräther, thust du weiter!

Automedon

zieht das Schwert.

Ulysses und Diomedes

thun dasselbe.

Ulysses.

Ha! du willst
Gewalt!

Automedon.

auf Diomedes eindringend

Euch Meuchelmörder will ich mit
Dem Schwert entlarven.

Diomedes.

Wenn du's vermagst.

Sie fechten mit einander.

Ulysses.

Du wagst, Unsinniger, das Aeußerste? —
Halt ein!

Automedon.

fechtend

Es gilt den Tod; es gilt das Leben; gilt
Den Freund!

Diomedes.

So fall', ein Opfer deiner blinden Wuth!

Er dringt stärker auf ihn ein.

Automedon.

wird vom Schwert getroffen, taumelt zurück und sinkt auf ein Knie

Weh! Weh! — Ihr habt's erreicht, ihr Schänd-
lichen!

Diomedes.

Der Schändliche bist du! — Du hast den Lohn.

Automedon.

Der eure wartet euch. — Es ist geschehn!

die letzten Kräfte anstrengend

Verrath! — Betrogne Iphigenia!

er fällt

Ulysses.

Wir sind verloren, wenn man ihn gehört. —
O, daß es dahin kommen mußte, Diomed! —

Diomedes.

Es konnt' nicht anders! Sinnlos trieb die Wuth

Ihn in das Werkzeug der Vertheidigung;
Und meines Schwertes Spitze lenkte
Ein Gott zu des Verräthers Untergang.

Ulysses.

Nicht zaudernd laß uns nun den Leichnam dort
In jene Kluft verbergen. —

Diomedes.

Horch! Man kommt! —

Ulysses.

Fort, fort! eh' uns des Mordes Spur entdeckt!

Sie tragen den Leichnam aus der Vorhalle.

Achte Scene.

Iphigenia.

tritt auf, den Schleier in der Hand haltend

Hört' ich nicht meinen Namen nennen? — War's

Mir doch, als wenn ich Schwerter Klang ver-
nahm. —
Ich höre nichts, denn nur der Bäume Rau-
schen. —
Wo sind die Fremdlinge? —. Mir wird so bang'!
Und doch ist mir so wohl, wie nie zuvor. —
Die freudenvolle Bangigkeit, womit
Das Glück der Zukunft mich erfüllt, spannt
höher
Die Saiten der Empfindung an. — O, mich
Umschwebt ja überall des Freundes Geist.
Ich habe nichts zu fürchten; Alles darf
Ich hoffen. Halt' ich nicht in meiner Hand
Der treusten Liebe schönes Unterpfand?
Mein Herz und dies Gewand sagt es mir laut:
Bald, bald wird Hymen's Wonnefest beginnen. —
Mich reißt der Liebe Hand mit Macht von hin-
nen;
Der Bräutigam erwartet schon die Braut.
Die Fackeln lodern, und der Hymnus schallt;

Zu frohen Tänzen reihen sich die Schaaren;
Die Schönheit will sich mit der Liebe paaren;
Der frohe Zug mir schon entgegen wallt! —
Leb' wohl! Leb' wohl, du väterliches Haus!
Lebt wohl, des Vaterlandes schöne Fluren!
Einmal vertilgt die Zeit doch meine Spuren —
Jetzt führt mich noch ein hold Geschick hinaus.
Ein andres Haus nimmt eure Freundinn auf;
Mein harren andre, süße Liebesfreuden.
Ihr gönnt sie mir. Lebt wohl! Wir müssen scheiden;
Lebt wohl! — Ein Gott beschleunigt meinen Lauf! —

sie geht ab

Dritter Akt.

Das Lager. Platz vor Agamemnon's Zelt, wie im ersten Akt.

Erste Scene.

Achilles. Patroklus.

Patroklus.

Noch hoff' ich viel von Agamemnon's doch
Der Menschlichkeit nicht abgewandtem Herzen.
Eh' du das Aeußerste beginnst, Gewalt
Willst der Gewalt im kühn gewagten Kampf
Entgegenstellen, so versuch den sanftern Weg
Der Ueberredung noch zuvor. Als Mensch
Sprich zu dem Herzen noch einmal des Vaters,

ters,

Wie's dich des eignen Herzens Stimme lehrt;
Und menschlich wird der Mensch dem Menschen
seyn.

Achilles.

Nun wohl. Ich will's versuchen; will den Felsensinn
Des ruhmbegiergen Königs mit der Menschheit,
will
Ihn mit der Liebe Flehn erweichen; will
Sein Vaterherz beschwören, und vielleicht
Giebt er den grausen Vorsatz auf.

Patroklus.

Gewiß
Giebt noch derselbe Mund, der Iphigenien
Das Todesurtheil sprach, des neuen Lebens
Verlorne Hofnung wieder.

Achilles.

Ja, nur auf

Den Vater, dessen Liebesflamme sonst
Sein Kind so heiß umfing, werf' ich allein
Der Hofnung sehnsuchtsvolle Blicke. Denn,
So gern ich auch der Rettung süßem Traum
Mich überlasse; dem erprobten Eifer
Automedon's mich gern und ganz ergebe;
So berg' ich's nicht, daß bange Furcht vor der
Verschlagnen List des Trug ersinnenden
Ulyß mich peinlich quält; daß finstre Sorge
Den Blick vor Diomed's verwegner Kühnheit mir
Umnachtet.

Patroklus.

Mir nicht minder. Wo Betrug,
Vom Glück begünstiget, sich überdies
Noch mit dem Honigseim der Rede süßt,
Da freilich schlürft der unbefang'ne Mensch
Das Gift mit heitrer Miene, wähnend gar,
Daß Lebensbalsam ihm, von Freundes Hand
Gereicht, erquicken wird das kranke Herz.

Doch rettungslos fällt er, der Sichere,
Ein Opfer des Verraths.

Achilles.

Wenn ich es denke: so
Verrathen die Geliebte! hergeschleppt
In's wilde Lager Iphigenia!
Geweiht dem Tode, selbst von Vaters Hand!
Ergriffen von des Priesters Arm an dem
Altar, sie nur umsonst die stummen Blicke
Auf's thränenlose Aug' des Vaters wendet!
Umsonst das Aug' erhebt zum Himmel, der
Nur Rache fodert! —

Patroklus.

Auf, Achilles! auf!
Daß es nicht dahin komme, sey dein Werk! —
Ermanne dich, o Freund! der König naht.

Zweite Scene.

Die Vorigen. Agamemnon auf dem Wege nach seinem Zelte.

Agamemnon.

Du hier, Achill?

Achilles.

Ich harre dein. Doch mit
Dem König nicht, — nur mit dem Vater will ich jetzt
Ein Wort der Liebe reden. Gönnst du mir's?

Agamemnon.

Wozu der Umweg? — Schon errath' ich dein Beginnen.

Achilles.

Wohl mir dann, wenn es dein Herz
Dir sagt, das treue Vaterherz.

Agamemnon.

Du schwärmst,
Erhitzter Jüngling. Hier im Lager waltet nur
Der König, nur der Feldherr; denn der Vater
Verblieb daheim in seinem Hause. Hier
Kennt Agamemnon nur die Pflicht, die ihm
Das Vaterland gebeut.

Achilles.

betroffen

So willst du mir
Den Weg, der einzig noch zur Rettung führt,
Verschliessen?

Agamemnon.

Nur im treuen Dienst der Pflicht
Ist Schutz zu finden vor dem Untergang.
Gehorsam fodert das Gebot der Götter. —
Ihm folgt der König.

Achilles.

Täusche dich nicht selbst.
Denn einst kehrt auch der Vater wieder heim
In sein verlaßnes Haus; einst sucht sein Blick
Auch die Verlorne wieder; und — wenn er
Sie nicht mehr findet, die sein Auge sucht,
Nach der sein Herz sich sehnt, o, wehe dann
Dem König und dem Feldherrn! — Sieht er selbst,
Mit Kindesblut bespritzt, den Lorbeer an
Der öden Mauer welken, ach! es mögte
Der Thränen ungehemmter Strom das Blut
Nicht waschen von dem welken Laub!

Agamemnon.

Ha, ist
Es das, Achill, was dich für mich bewegt? —
Sey ruhig, junger Held. Was in der Zeiten
Entferntem Lauf das Schicksal mir noch bringt,
Sey's gut, sey's böse, das gewahrt so bald
Dein schwaches Auge nicht.

Achilles.

O, du entfliehst
Mir nicht mit deinem liebeleeren Wort.
Ich will's nicht glauben, daß dein Herz so kalt,
Wie deine Zunge, spricht. Es kann der Mensch
Nicht ganz an dir sein Recht verläugnen, nicht
Der Vater; grausam kannst du nicht dein Kind
Vernichten, das du einst so heiß geliebt,
Das deine Hand so sorgsam auferzog,
Das deines Hauses schönste Zierde war,
Die Wonne deines Männerthums, der Trost,
Des Alters Freude! — nein, das kannst du
nicht! —

Agamemnon.

Laß ab, mich länger zu bestürmen. Du
Erreichst es nicht. Der Jugend Leidenschaft
Läßt dich das Unvermeidliche nicht sehn. —
Ich trage mein Geschick. Erdulde du
Das deine.

Achilles.

Was wagst du, mit kühnem Wort,
Das Unvermeidliche zu nennen? — Wie?
Wo das Geschick in deine Hand die Wahl
Gelegt, da nennst du unvermeidlich das,
Wozu nur stolzen Geistes Drang dich treibt?

Agamemnon.

Was ich bedacht, was ich im schweren Kampf
Der Pflicht dem Herzen nur mit Kummer hab'
Entrungen, das verhöhnt durch dich der Jugend
Zu unbesonnene Vermessenheit
Mir freventlich zu Stolz und Grausamkeit.

Achilles.

Ich will nicht Unrecht deiner Weisheit thun;
Bis dahin hat das Leben sie bewährt.
Allein der Glanz des Ruhmes, der von fern,
Im ungemeßnen Raume dir entgegen strahlt,
Worin dein königlich Gemüth sich sonnt

Mit Lust, der ist's, der dich geblendet hat,
Der dir den Blick gestumpft für das, was nur
Der enge, nahe Raum vom sanftern Glück
Des Lebens dir im mattern Schimmer zeigt.

Agamemnon.

Wie? Glaubst du nicht, daß auf der längern Reise
Des Lebens sich mein Aug' geübt? daß ich
Der Zukunft Truggestalten von dem Bilde,
Das mit bestimmter Form die Gegenwart
Begrenzt, gelernt zu unterscheiden? Hast
Du mich und mein Gemüth schon so erspäht?
Hast du, mit fester Hand, des Urtheils Wage schon
So recht ergriffen, daß du denkst das Herz
Des Vaters und die schwere Last der Pflicht
Darauf zu wägen mit Gerechtigkeit?

Achilles.

Ja, König! wo mit lauter Stimme die

Natur gebeut, da spricht auch laut die Pflicht.
Es wird die Nachwelt dich darum nicht preisen,
Daß du die Tochter hast dem Könige
Geopfert, hast den Vater mit des Feldherrn
Gewalt'ger Stimme übertönt. Glaub mir,
Durch mich spricht die Natur. Sie hat in mir
Den heiligsten der Triebe nicht umsonst
Erweckt, um durch der Liebe Feuer, das
In meinem Busen lodert, auch in dir
Das schon im rauhen Sturm des Herrscherlebens
Erkaltete Gemüth für Kindesliebe
Und für der Menschheit Recht von neuem zu
Erwärmen. Sey, o sey ein guter Vater!
Sey Mensch, und du bist auch ein guter Kö-
nig!

Agamemnon.

Du gehst zu weit. Ein jedes neue Wort,
Das deinen Lippen kühn entströmt, zeugt von
Entflammter Leidenschaft. Weil du vielleicht

Hier auf der Stirn des Königes das nur
Mit Kampf zurückgehaltene Gewölk des Grams
Nicht siehst, meinst du, daß hier im Innern
schweige
Das Toben des erwachten Sturms? — Lern'
erst
Von mir, zu kühner Jüngling, was es heißt,
Die Last des Schicksals tragen, wie es ziemt
Dem Manne, wie dem Helden — mit Ver-
nunft! —

Er geht in sein Zelt.

Achilles.

ihm nach

Bleib, Agamemnon! —

Patroklus.

Ach! es ist zu spät.

Dritte Scene.

Achilles. Patroklus.

Achilles.

sich an Patroklus Busen werfend

Schlag, wenn du lechzest, an den harten Fels
Der Wüste; sprich: gieb Wasser meinem Durst!
So uneröffnet dir verbleibt, was tief
In seinem Innern quillt, so fest verschließt
Die Brust des harten Vaters jedes Wort
Des Trostes mir! —

nach einem kleinen Nachdenken, gleichsam für sich

Hier giebt es keine Rettung mehr.
Dahin ist jede Hofnung, die ich noch
Auf ihn gepflanzt, und alles ist verloren,
Wenn auch die lezte Hülfe mir versagt! —
Nun dann, des Hofnungslosen einz'ger Hort,
Gewalt! Empörung! steht mir bei! denn die
Natur hat keine Waffen mehr für mich. —

Patroklus.

Du sprichst, Achill, ein furchtbar schweres Wort
Im heißen Zorn; doch folge nicht sogleich
Die rasche That dem zügellosen Willen.
Beflügelt reißt er jene mit sich fort,
Und auf die schnelle Bahn einmal geführt,
Stürzt unaufhaltsam sie zum blutgen Ziel.

Achilles.

Vernimm mit wenig Worten, denn es drängt
Die That, was ich nunmehr im Herzen mir
Beschließe. Wohl nicht ohne Grund bau' ich
Auf meiner treuen Myrmidonen Hülfe;
Auf dich, der Freunde, manches andern Helden
Gewicht'gen Beistand. Nun zuerst will ich
Der Untergebnen Sinn erforschen. Es
Bedarf nur eines Worts, das an des Haufens
Gemeiner Vorurtheile Leidenschaft
Sich schmiegt, und es gewinnt das Ganze mir.
Hab' ich sie so gewonnen, überlassen

Sie meiner Willkühr sich, sodann beruf
Ich alle Fürsten her zu mir, und fodre
Sie auf, dem König zu erklären, daß,
An seiner Statt erkoren, Menelaus
Dem Heer gebiete, und wir ohne Mord —
Ach! ohne der Geliebten Mord! — von hinnen ziehn.

Patroklus.

Auf meinen Beistand trauest du gewiß.
Nie wird der Freund den Freund verlassen! nie!
Auch wohl vertraust du Einem und dem Andern.
Doch nie gewinnst du sie, der Fürsten ganze Schaar;
Denn fürchten sie nicht schon das bloße Herrscherwort?
Und rechnest du die Leidenschaft für nichts?
Die Leidenschaft, die selbst den Klügsten blind,
Verstockt den Thoren macht? — Im Heere giebt's

Der wilden, nur von blinder Leidenschaft
Getriebnen Männer viel; der weisen wenig. —
Womit hoffst du die Ajax beid' und selbst
Ulyß und Diomedes zu gewinnen?

Achilles.

Ulyß und Diomed! Wohl, du erinnerst
Zu rechter Zeit an diese mich! — Ich seh's,
Eh' sie zurück gekehrt, eh' sie das Opfer,
Gefesselt mit der List und des Betruges fein
Gestrickten Banden, wie den Stier der Priester,
Hierher geführt, muß es entschieden seyn,
Wenn sich's also entscheiden kann. — Ich eile
Deshalb von hier, um schnell zu thun, was nicht
Den längeren Verzug verträgt. Bleib du
In dieses Ortes Nähe, um zu spähn,
Was sich begiebt. Ich fürchte der Betrüger
Nur allzu schnelle Rückkehr und den glücklichen
Erfolg der List. Gieb mir sogleich, wenn sie
Sich zeigen, einen Wink. Ich gehe zu

Den Schiffen; dort wirst du mich finden, wenn's
Geschieht, was ich mit banger Ahnung fürchte.

Patroklus.

Es soll geschehen, was du wünschest. — Doch
Vielleicht befürchten wir zuviel, und Alles
Wird enden besser noch, als wir gedacht.
Befürchte die Gefahr; doch gieb der Furcht
Nicht ganz dich Preis, damit der Muth, der nur
Entscheidet, dir nicht mangle, wenn es gilt. —
So geh dann hin, und wirke für die Liebe!
Ich sorge für den Freund.

Achilles.

ihn umarmend

Mein Patroklus! —

er geht ab

Vierte Scene.

Patroklus.

ihm nachsehend

Der Menschheit höchstes, göttliches Gefühl
Belebt des Freundes tapfern Heldengeist,
Und mischt zum ehr'nen Muth des Herzens Wär-
me.
Daraus entspringt der Thaten kühnste dir,
Der Thaten schwerste, die ein Jüngling je
Begann. Ob Sieg verleihn die Himmlischen
Dem Kühnen, ob der widerwärt'gen Macht —
Ist nur im Rath der Götter vorbedacht! —

Fünfte Scene.

Der Vorige. Nestor.

Nestor.

Wo weilt der König? Zu mir drang der Ruf
Des Volks, es nähere sich schon dem Lager

Die Königinn mit Iphigenia;
Und laut Getümmel drängte sich mit Eil'
Den Kommenden entgegen.

Patroklus.
bestürzt

Hast du recht
Gehört?

Nestor.

Man rief es überlaut. Ich sah
Der Menge Strom; doch oft täuscht das Gerücht.

Patroklus.

O hätt' es diesmal dich getäuscht! — Und du
Willst selbst der Unglücksbote seyn, der es
Dem Könige verkündigt?

Nestor.

Sehen wird
Er selbst doch bald genug, was sich begiebt.
Damit er's doch nicht unbereitet sehe,
So ging ich schnell, wie es des Fußes Kraft
Vermag, um mit der leisern Rede, wie sie
Die Klugheit uns gebietet und die Pflicht,
Zuvor zu kommen des Gerüchtes lautem Ruf,
Das stets, am Herzen und Verstande leer,
Voll Trug und Hohn, das unbereitete
Gemüth mit Schreck und Angst bestürmt.

Patroklus.

Und du
Glaubst, daß erschüttern werde diese Kunde
Des Königs Herz?

Nestor.

Ist Agamemnon nicht
Der Vater?

Patroklus.

Ha! der Vater sprach ja selbst
Das Todesurtheil aus!

Nestor.

Es that's der König;
Und was der Herrscher thut, weil es die Pflicht
Gebeut, die harte, das zerreißt dem Menschen
Wohl oft das weichgeschaffne Herz. Doch fest
Und unbeweglich steht, ein Fels im Meer
Der Leidenschaft, des Mannes Muth. —

Patroklus.

für sich

Hier spricht
Nur die Vernunft. In diesem Graukopf, armer Freund,
Ist dir ein Helfer nicht erkoren. — Horch!

Getöse hinter der Bühne.

Nestor.

Schon nahet sich der Lärm. — Es jauchzt das Volk.

Patroklus.

Ein unglückschwangres Zeichen! —

für sich

Fort! ich darf's

Dem Freunde länger nicht verschweigen! —

er eilt fort

Sechste Scene.

Nestor. Volk und Krieger auf die Bühne stürzend, und sich im Hintergrunde sammelnd.

Einige.

unter einander

Ja! sie ist's!

Andere.

Der Zug geht auf des Königs Zelt!

Noch andere.

Hierher!

Nestor.

Gemach, gemach, ihr Männer! Schreckt das Ohr
Des Königs nicht mit eurem Wuthgeschrey!

Siebente Scene.

Die Vorigen. Agamemnon tritt aus dem Zelte.

Agamemnon.

Was für Getös' erhebt ihr Unverständigen,
In dieses Zeltes Näh'? Was treibt euch her?

Ein Haufen.
laut rufend

Heil dir, dem König!

Ein anderer Haufen.

Agamemnon Heil!
Dem Retter Griechenlandes!

Agamemnon.

zu Nestor

Was ist's, das dieser Tobenden Geschrei
Verkündigt? Lös't in Freude sich die Trauer auf?

Nestor.

mit Schonung

Bereite dich, erhabner Völkerfürst!
Es naht, was sie gewünscht — was du gelobt —
Und was die Götter wollen.

Agamemnon.

betroffen

Wie? Wer naht?
Wer kommt?

Nestor.

Was du zu holen selbst geboten.

Agamemnon.

erschrickt

Das Opfer? — Ha! so bald? — Sprich! ist
sie's selbst?

Nestor.

Sie selbst, zusammt der Mutter.

Agamemnon.

Klytämnestra? — Weh!
O, war es nicht an meinem Schmerz genug? —

Nestor.

Die Gattinn theilt gerecht den Schmerz mit dir.

Agamemnon.

sehr bewegt

Wo ist sie? — Laß mich fort, damit an's Herz

Ich das geliebte Kind vermag zu drücken;
Daß ich in meinen Arm die Holde schließe,
Daß er sie schütze vor Gewalt und Mord!

Nestor.

ihn zurückhaltend

Bleib, Agamemnon! bald siehst du sie hier.

Agamemnon.

O, warum zaudern sie? Was hält sie auf?

mit starker Stimme zu den übrigen

Daß es nur keiner wage, sie mir zu
Entreißen!

Nestor.

Willst du nicht, daß ich das Volk
Entlasse? Denn der überlästi'gen Zeugen
Bedarf der Schmerz des Vaters nicht.

Agamemnon.

in sich gekehrt, ihn nicht hörend

Wie sie mir froh entgegen hüpfen wird!
Mich „Vater! Vater!„ hold begrüßen wird!

Nestor.

befehlend zum Volk

Verlaßt uns! Geht an euer Werk! Es ziemt
Der müß'ge Blick den Männern nicht. Fort! —
Geht!

Das Volk entfernt sich.

Agamemnon.

wie vorhin

Ach, ihrer süßen Stimme Klang, der sonst
Mein Ohr entzückt, wird jetzt der Wehmuth Thräne
Nur meinem Aug' entlocken, wie das Herz
Durchbohren ihr unschuld'ger Blick!

Nestor.

Gebiete
Dem Schmerz mit Heldenmuth! Wenn du erzitterst,
Wer mag es wehren, daß nicht die Verzweiflung
Des zarten Opfers banges Herz zerbricht!

Agamemnon.

in großer Bewegung

Ja, Nestor, ja! Ich will mich waffnen, will
Die Brust mir stählen mit der Höllenrichter
Empfindungslosem Ernst. — Wer sagt, daß ich
Noch eine Tochter habe? Ich, der König?

Nestor.

Sie kommen.

Agamemnon.

Götter! — Ja, sie sinds! — Wer steht
Mir bey! — Wohin verberg' ich meinen Blick!

Achte Scene.

Die Vorigen. Klytämnestra. Iphigenia. Beide verschleiert. Gefolge von Weibern und Mädchen, die kostbaren Gefäße und andere hochzeitliche Geschenke tragen.

Klytämnestra.

den Schleier zurückschlagend

Sey mir gegrüßt, o mein Gemahl! — Wie du
Befohlen, führ' ich Iphigenien
Zur frohen Hochzeitfeier her; zur guten,
Mit Glück bekränzten Stunde, geben es
Die Götter!

Iphigenia.

entschleiert sich gleichfalls, geht auf Agamemnon zu und umarmt ihn

O mein Vater!

Agamemnon.

bewegt

Seyd willkommen mir!

Klytämnestra.

auf die Geschenke deutend

Wie sich's geziemt, bring ich dem Eidam die
Geschenk'; hier goldene Gefäß' und anderes
Geräth, dort Teppiche, von eigner Hand
Gewirkte Tücher hier; denn viel und mancherlei
Bedarf das Haus zur reinen Zier und zum
Gebrauch für Mann und Weib. — Doch trügt
mich nicht
Mein Blick, so lastet Sorge dir das Herz,
Und trübt das Antlitz dir mit einer Kummerwolke.
Wohl andres noch, als Hymens Feste, sinnt
Dein Innerstes?

Agamemnon.

mit Verlegenheit

Hier, in dem Lager, hier

Pflegt freilich nicht der Held des Friedens Ruh',
Wie an dem väterlichen Herd. Wohl manch
Geschick, mit Unheil schwanger, drohend naht
Es sich, ohn' Unterschied, dem Höchsten, wie
Dem Kleinsten; unverschonend bricht es aus,
Wenn seine Stunde tönt und sich erfüllt
Sein Maaß. Das ist nun einmal schon des Kriegs
Geschick.

Klytämnestra.

Des Helden Heimath ist der Krieg,
Und Schlacht und Kampf sind sein Geschäft; doch in
Gefahren wächst sein Ruhm. Den Frauen gnügt's
Im stillen Haus, entfernt vom Schauplatz der
Gefahr, sich zu erfreun der Männer Sieg'
Und ihres Ruhms. Wohl mir, daß ich's vermag!
Und Heil dem königlichen Helden, den

Zum Gatten mir das gute Glück erkor,
Und den, lorbeerbekränzt, der Sieg zur Ernte
Des neuen Ruhmes führt!

zu Iphigenien, die sie an ihre Brust drückt

Fühl' es mit mir,
Wie hoch des Vaters Ruhm den Stolz
Der Gattinn mir in tief bewegter Brust
Erhebt. O segne dein Geschick, das diesen Mann
Und Helden dir zum liebevollen Vater gab! —

Iphigenia.

zu Agamemnon

Ich fühl' es ganz, welch großes Glück durch dich
Die Götter mir gewährt. O, möchten sie
Es mir noch lang' gewähren!

Agamemnon.

Gutes Kind!

Er will sie umarmen, wendet sich aber schnell wieder mit ernster Miene von ihr.

Klytämnestra.

Ich geh' auf einen Augenblick ins Zelt,
Um die Geschenke dort zu ordnen. Bald
Kehr' ich zu euch zurück. Dann wollen wir
Der nahen Feier im Gespräch mit Lust
Gedenken

mit einem scherzhaften Blick auf Iphigenien
und der Braut.

Agamemnon.

mit einem Seufzer

Wir wollen es.

Klytämnestra.

geht mit dem weiblichen Gefolge ins Zelt. Nestor entfernt sich nach der andern Seite.

Neunte Scene.

Agamemnon. Iphigenia.

Iphigenia.

Lang' ist's, mein Vater, daß ich dich nicht sah.

Agamemnon.

Wohl lang', und länger wird uns noch der Krieg,
Und das Verhängniß wohl noch länger trennen.

Iphigenia.

ergreift seine Hand, ihn liebkosend

Warum denkst du sogleich der Trennung wieder
Im ersten Augenblick des Wiedersehns?
Ich freue mich, daß mich das Schicksal jetzt
Mit dir vereint, daß ich des Vaters Antlitz
Kann wiedersehn, an deinen Arm mich hängen,
Die starke Heldenhand in meine legen, und
Mit dir im Schatten des Gezelts ein Wort

Des Scherzes plaudern kann. — Mir wird so
wohl
An deiner Brust! — Warum soll ich das Glück
Des Augenblicks mir durch die Furcht, selbst vor
Dem nahen Abschied, rauben? — Doch, du bist
So still! so ernst! —

Agamemnon.

Das Werk, das ich bereite,
Gebietet Ernst.

Iphigenia.

Du freust dich nicht, wie sonst,
Wenn ich dir froh entgegen kam, den Schweiß
Von heißer Stirne trocknete, das Schwert
Dem goldnen Gürtel dir entband, doch diesen
Gewicht'gen, schön gezierten Helm umsonst
Vom Haupte dir zu heben trachtete;
Denn klein und zart war noch des Mägdleins
Hand.

Doch lohntest du die unverständ'gen Dienste
Mit einem Kusse mir, und haschtest wohl
Die lose Waffenträgerinn, zogst sie
Auf deinen Schooß, sahst hold sie an, und nann-
tест
Mich oft die kleine Omphale, dein liebes Kind. —
Bin ich's nicht mehr?

Agamemnon.

bei Seite

Mein Herz! —

er drückt sie an seine Brust

Du bist's auch noch.

Iphigenia.

Erfreut es dich, daß du mich wieder siehst?

Agamemnon.

Ich freue mich des Wiedersehns. —

bei Seite

Weh mir! —

Iphigenia.

Und blickst doch mit so kummervollem Aug'
Auf mich herab?

Agamemnon.

Den König und den Feldherrn
Bedrückt der Sorgen schwere Last.

Iphigenia.

Denk' jetzt
An mich! O, schenke mir dich ganz; ich habe
So lange dich entbehrt. Erheitere
Den Blick; ich komme ja zu froher Zeit.

Agamemnon.

Auch bin ich froh, und gebe dir mich ganz
Dahin.

Iphigenia.

Und dennoch rinnen Zähren dir
Die Wang' herab?

Agamemnon.

Daß ich dich bald verlassen muß.

Iphigenia.

Weh über Troja und die Pflichtvergeßne,
Die dich jetzt mir zum zweiten Male raubt!

Agamemnon.

seufzend

Noch etwas hält das Heer und mich zurück.

Iphigenia.

Ich weiß es, Vater. Schließen soll ich noch
Zuvor den heilgen Bund der Ehe mit
Achill. Die Gottheit will's. Nicht wahr, so
ist's?

Agamemnon.

bei Seite

O, über den Betrug! — Ein Opfer muß
Ich noch zuvor den Göttern bringen — dann —

Iphigenia.

Nun wohl! Dies ist ja nur der Priester Werk,
Die es den Göttern weihn. —

Agamemnon.

Nein; — selbst wirst du
Es schaun, — wirst bey dem heilgen Altar stehn.

Iphigenia.

erfreut

Wir Jungfraun singen heilge Hymnen am Altar?

Agamemnon.

O, Brust und Wangen dieses unschuldvollen,
Geliebten Kindes! O, ihr goldnen Locken
Der Jungfrau! wie des Jammers voll und des
Verderbens ward euch früh der Troer Stadt!

Iphigenia.

mit Bangigkeit

Was jammerst du, mein Vater, über mich?

Und wie so räthselhaft sind deine Worte?
O, was beginnst du? Sprich! Mir wird so bang'
In deinem Arm! — Wo ist die Mutter? —
Laß
Mich hin zu ihr! —

Agamemnon.

sie in der heftigsten Bewegung noch fester umschließend

Nein, Iphigenia!
Noch laß ich dich aus meinen Armen nicht.
Ach, nur zu bald entreißt man ihnen dich!

Iphigenia.

von der höchsten Angst ergriffen, sich sträubend

O laß mich! — Immer höher steigt die Angst
In meiner Brust. — Du bist so fürchterlich;
Und doch bist du mein Vater. —

Agamemnon.

Iphigenia!

Zehnte Scene.

Die Vorigen. Achilles hereinstürzend.

Achilles.

Wo ist sie? Wo?

Agamemnon

läßt Iphigenien fahren.

Iphigenia

flieht unwillkührlich und angstvoll in Achill's offne Arme, so daß sie furchtsam nach Agamemnon zurückblickt.

Achilles!

Achilles.

Iphigenia!

zu Agamemnon

Aus diesem Arm entreißt sie Niemand mehr!

Agamemnon.

Verwegner! du hast keinen Theil an ihr!
Den Göttern ist fortan ihr Haupt geweiht. —

Iphigenia.

die Hände gegen Agamemnon ausstreckend, mit dem Blick der innigsten Wehmuth

Mein Vater!

Achilles.

Nicht verdient den süßen Namen mehr
Der Mann, den du dort siehst in königlicher
Gestalt. Er ist dein Vater nicht. Es lügt
Sein Angesicht; es lügt sein kühner Mund.
Nur den Verderber deines Lebens sieh
In ihm.

Iphigenia.

Ihr guten Götter, steht mir bey!

sie sinkt ohnmächtig zu Achill's Füßen

Agamemnon.

Ich bin entwaffnet! Weh!

Achilles.

aufschreiend

Sie ist entseelt!

Elfte Scene.

Die Vorigen. Klytämnestra schnell aus dem Zelte tretend. Einige Frauen. Bald darauf Kalchas von der andern Seite.

Klytämnestra

bleibt erschrocken stehen.

Was hör' ich! Welch ein Angstgeschrei! — Was für
Ein Anblick! — Iphigenia! — O mein Gemahl! —

Kalchas

tritt ein, so daß er von Achilles nicht bemerkt wird.

Achilles.

Fort! Flieh, unglücklich Weib, die du

Zum Todesopfer nur dein Kind geboren!
So weit dich deine Füße tragen, flieh
Von diesem Ort des schreckenvollen Greuels!
Dein Kind ermordet dir der eigne Gatte,
Und mir die holde, längst verlobte Braut! —

Kalchas.

zwischen Achill und Iphigenien tretend, mit furchtbar feierlicher Stimme

Hinweg! — Sie ist das Eigenthum der Götter.
Auf Erden fesselt nichts mehr ihren Geist.
Gelös't hat der Olymp die Erdenbande;
Sie geht, ein Retter ihrem Vaterlande! —

Achilles bebt zurück. Klytämnestra sinkt in die Arme ihrer Frauen.

Vierter Akt.

Platz vor Agamemnon's Zelt. Kurz vor Anbruch der Nacht. Gestirnter Himmel.

Erste Scene.

Agamemnon.

in tiefen Gedanken vor seinem Zelte sitzend, mit zum Himmel gewandtem Blick

O trauriges Geschick der Pelopiden,
Um deren königliches Haupt die Freude
So kurz, auf wenig Augenblicke nur,
Den rosenfarbnen Fittig schwingt, und dann
Aeonen lang von ihnen flieht, und selten,
Oft nimmer wiederkehrt! — Hier sitz' ich ganz
Allein mit meinem tiefen, wilden Gram
Im Herzen, der, Prometheus Geier gleich,

Mir an dem Mark des Lebens nagt. — Ich
blicke
Mit feuchtem Aug' des Himmels blau Gewölbe,
Die Quelle meiner Leiden an, und schick'
Umsonst, ob mir der Götter einer Trost
Und Hülfe sendete, die bangen Seufzer in
Die heitre, sternbesäte Höh'. — Hier in
Dem Zelt bejammert ihrer Tochter Loos
Das edle, liebevolle Weib; und dort
In jenem, scharf bewacht von Kalchas Aug',
Erliegt der Angst und der Verzweifelung
Mein unschuldvolles Kind!

er steht auf

Es ist dahin
Des Hauses Glück, und niemals find' ich's wie-
der!
Die Meinen schelten grausam mich und stolz,
Und sehen nicht, was ich mit Qual erdulden
muß;
Daß ich ja nur ein leidend Werkzeug bin

In mächt'ger Götter Hand. — Kann denn der
Sterbliche
Sich waffnen gegen den Olymp? Schlug nicht
Selbst der Titanen Kraft der Donnrer Zeus?
Und wälzt' auf ihre kühne, starre Nacken
Des Erdballs Last? — Und wir, das schwä-
chere
Geschlecht, vom ersten Athemzug ein Spiel
Feindsel'ger Mächte und des trügerischen Glücks —
Wir wollen murren gegen ihr Gebot,
Da doch die freie Wahl, wie sie der Mensch
Sich träumt, der ew'gen Noth Gesetz erzwingt?

Er bleibt an der entgegengesetzten Seite der Bühne in tiefen Gedanken stehen.

Zweite Scene.

Agamemnon. Klytämnestra bleich und abgehärmt, mit einer Leuchte in der Hand, tritt aus dem Zelt.

Klytämnestra.

Hört' ich nicht eines Mannes Stimme hier,
Der klagt? — Fast tönt's, wie meines Gatten Stimme;
Doch der ist fern zum Meeresstrand geeilt,
Und seine Felsenbrust bewegen Seufzer nicht;
Sie kennt den Schmerz, sie kennt das Mitleid nicht;
Ihn rührt der eignen Tochter Unglück nicht.

Agamemnon.

tritt näher

O Weib, was klagst du ungerecht mich an!
Und wie verkennt dein blöder Sinn mein Herz!

Klytämnestra.

Wie, mein Gemahl? bist du's, der einsam hier
Sein Leid den himmlischen Gestirnen klagt?
Vergieb, wenn ich dir Unrecht that. — Mich
treibt
Die Angst; Verzweiflung läßt mir nirgends Ruh';
Vor meine Augen drängt sich unablässig
Ein Bild des Schreckens, blutig, ungeheuer.
Es jagt mich auf vom thränenvollen Lager;
Ich suche Schutz vor ihm; ich suche Hülfe,
Und finde nirgend sie! — O fänd' ich sie
In deiner Brust! —

Agamemnon.

Du kannst sie finden, wenn
Dir Mitleid gnügt.

Klytämnestra.

Nichts mehr als Mitleid willst
Du geben?

Agamemnon.

Was verlangst du mehr?

Klytämnestra.

Beim Zeus!
Das Mitleid schenkt ein jeder gern, der auch
Nicht Gatte mir, nicht meines Kindes Vater ist.

Agamemnon.

Verlange deiner Tochter Leben nicht
Von mir! Das stehet nicht bey mir. Das andre will
Ich thun. Mein Leben fodre! wenn's die Göttinn nimmt,
Ich geb' es hin, und rette dir das Kind,
Das meine. Doch, so lang' ich leben soll,
So lang' ich König bin und Feldherr, nicht
Für dich allein der Gatte, für mein Kind
Der Vater nicht allein; so lang' es auch
Für mich ein Vaterland noch giebt; die Furcht

Vor Göttern, die das Zepter ihrer Macht
Weit über uns gestreckt, mich zum Gehorsam
mahnt,
Und mich dem höhern Willen unterwirft;
So lange zwar kann ich mit dir beweinen
Ein Mißgeschick, das hart uns trift, das uns
Des Glückes Hofnung raubt auf immer; doch
Verhindern kann ich nichts, ich Schwacher,
nichts!
Nur dulden, das ist uns're Pflicht, bis einst
Ein güt'ger Gott von uns die schwere Last
Des Lebens nimmt.

Klytämnestra.

dringender

Wohl, wenn du wolltest, könntest du
Ein Retter deinem Kinde seyn. Die Göttinn
ließ
Dir freie Wahl.—

Agamemnon.

mit einiger Aufwallung des Affects.

O Weib! was ist die Wahl?
Des Schicksals Tücke nur! nichts mehr! — Nun wohl!
Soll ich das Heer verlassen? Wird's mich lassen?
Und wenn's mich ließe, würd' ich nicht von Furcht,
Von schnöder Furcht ein Beispiel geben ihm,
Des ungelähmter Muth allein nur Troja
Vernichten mag? — Soll Troja siegen, und
In seinem Sieg', in seinem ungebeugten Stolz
Das Recht der Völker ferner noch durch Frevelthat
Verhöhnen, selbst an ihrer Fürsten Recht
Verübt? Soll das, was einem freien Volk
Die theure, hochverehrte Zierde bleibt,
Das Weib, des Mannes heilig Eigenthum,
Der keuschen Jungfraun Sicherheit, ein Spiel
Des übermüthigen Barbaren werden?

Und soll der Knechtschaft Joch, das schmähliche
Der fremden Dienstbarkeit, allmählig sich
An uns're Nacken schmiegen? Soll denn kein
Gefühl der Schande mehr den muth'gen Geist
Zur Rachethat bewegen, die mit Blut
Des Frevlers wäscht das Mahl der Schande von
Der Ehre Kleinod, von dem heiß errungnen
Durch tapfrer Männer Kraft? — Dein einzig
Kind
Soll leben, und dein Volk soll — untergehn?

Klytämnestra.

Wer hilft aus diesem Zwiespalt mir der Pflicht
Und Liebe das gepreßte Herz? — Ich selbst
Vermag es nicht. Ich bin ein schwaches Weib.
Entfernt von der Gefahr, wähnt' ich mich einst
Wohl stark. Der Sicherheit entbehr' ich nun.
Jetzt bebt die Mutter für ihr Kind, das sie
Gebar. Es war mein Stolz, mein Glück; war
einst

Ein schöner, hofnungsvoller Baum. Die Axt
Wird jetzt an seinen Stamm gelegt; er fällt,
Und seine Blüte welket in den Staub.

Sie verhüllt ihr Gesicht.

Agamemnon.

mit gemäßigtem Tone

Noch wehre deinen Klagen einen Augenblick!
Bald nahet Nestor sich, auf den ich harre.
Achill versammelte die Fürsten und
Das Heer, um zu versuchen, ob er wohl
Durch sie des Opfers blutgen Ausgang hemme.
Mir war's bewußt; doch ließ ich's gern geschehn.
Es mag der Schluß des Heeres noch zuletzt
Entscheiden, was geschehen soll. Ich that
Mehr als ich durfte. — Nun, es sey! Oft spricht
Ja durch der Völker Mund die Gottheit selbst.

Klytämnestra.

Ach unglückselger, hoffnungsloser Trost!
Fern sey von meinem Ohr die Kunde des
Verderbens, des entsetzlichen! Was kann
Ein Heer beschliessen, als Verderben — Tod!

Sie geht verzweifelnd in das Zelt zurück.

Dritte Scene.

Agamemnon.

ihr mitleidsvoll nachsehend

Beklagenswerthes Weib! Wie gern löst' ich
Den Jammer dir vom Mutterherzen ab!
Doch welch ein Gott hebt mir die Kummerlast
Vom eigenen hinweg? — Wohl ist's dem Freien
Ein leicht Geschäft, die Bande des Gefangenen
Zu lösen; doch wem selbst an matter Hand
Die schwere Fessel klirrt, der wälzt, beginnend
Des Mitgefangenen Erlösungswerk,
Bergauf die Felsenlast des Sisyphus. —

Horch! — Nestor kommt. — Nun waffne dich,
mein Herz,
Mit neuem Muth!

Vierte Scene.

Agamemnon. Nestor.

Nestor.

Schon bricht die Nacht herein;
Und du harrst noch der Botschaft, die ich dir
Verkünden soll?

Agamemnon.

Ist es entschieden durch
Der Fürsten Rath? Verlangt des Heeres Stimme
Das Opfer Iphigenie'ns? —

Nestor.

Darf ich
Dir sagen, wie es sich begab?

Agamemnon.

Du darfst;

Denn eben deshalb harrt' ich dein.

Nestor.

mit Schonung

Das Heer

Verlangt's; weil der gewisse Sieg, weil ihm

Das Vaterland noch mehr bedünken, als

Ein einz'ger, zarter Sprößling deines Stamms.

Agamemnon.

Genug. — Es sey! — Ich darf nicht murren. —

Mich

Drängt alles. Kein Verzug mehr!

Er faßt ihn bey der Hand, und will schnell mit ihm abgehen; plötzlich bleibt er stehen, sanft fragend:

Niemand sprach

Für meines Kindes Leben?

Nestor.

Mancher wohl;
Denn mächtig traf das Herz des Jünglings Rede,
Und wunderbar bewegte sie die Hörenden.
Bald hier, bald dorthin wogte laut die Fluth
Des aufgeregten Elements der Leidenschaft,
Und lange kämpfte der Parteien Macht.
Doch endlich siegte weis'rer Rede Kraft.
Die Menge schwieg, und beugte ihren Sinn
Dem Rathschluß höherer Gewalten. Du,
So riefen endlich Alle laut, du sollest,
Kein andrer, hin gen Troja führen alle,
Die dir hierher gefolgt. Durch dich allein
Erwarten sie den Sieg; von dir das Opfer.
Sie brachen stürmisch auf; und nur Achill
Mit wenig Andern stand verlassen da,
Voll Wuth, verzweifelnd über sein Geschick.

Agamemnon.

Ihm helf's ein Gott ertragen, wie ich hoffe,

Daß mir es auch ein Gott gewähren wird. —
Jezt laß, eh' noch die Nacht in tiefen Schlaf
Der Menschen müde Glieder senkt, uns gehn,
Und das, was nöthig ist, mit Eil bereiten;
Denn eh' der Morgen noch dem hellen Licht
Des Tages weicht, sey es vollbracht das schwere
Werk! —

sie gehen ab

Fünfte Scene.

Kalchas Zelt, erleuchtet durch einen Kandelaber, auf welchem eine grosse Flamme brennt.

Iphigenia, weinend und erschöpft, wird von zwey Mädchen schweigend ins Zelt geführt. Sie läßt sich auf einen Sessel nieder. Nach einer Weile giebt sie den Mädchen mit der Hand ein Zeichen, sich zu entfernen.

Iphigenia.

Laßt mich allein. Es störe Niemand mich
In meinem Jammer.

Die Mädchen gehen. Pause. Nach einem tiefen von Thränen begleiteten Seufzer:

Was hab' ich verschuldet, Zeus,
Daß, tief mich beugend, du so hart mich strafst? —

Kalchas

tritt von der andern Seite in's Zelt, und nähert sich Iphigenien langsam. Er steht vor ihr still; nachdem er sie eine Zeitlang mitleidsvoll betrachtet:

Noch immer tiefer Schmerz in deiner Brust? —
Von Thränen immer noch getrübt das Auge,
Und deine Sprache bange Seufzer nur? —

Iphigenia.

O laß den Jammer mir! er ist ja noch
Das Einzge, was das Schicksal mir nicht raubt. —

Pause

Kalchas.

Dein Jammer ist gerecht; es ist die Klage

Des Menschen um das Menschliche. Doch fester
Muth,
Ein gottergebner Sinn hilft uns die Last,
Den Schmerz, der hart danieder wirft, ertragen;
Treuft Balsam in des kranken Herzens Wunden,
Und richtet unsern Geist mit süßer Hofnung auf.

Iphigenia.

O, täusche mich mit leerer Hofnung nicht!
Sprich, rettet Niemand mich? Von Menschen,
von
Den Göttern kommt kein Retter mir? Verläßt
Der Vater mich, die Mutter mich, auch der
Geliebte? Wie? verläßt mich alles? —

Kalchas.

ihre Hand ergreifend

Sey
Gefaßt! die Gottheit will's. — Es darf nicht
anders seyn.

Iphigenia

läßt seine Hand fahren.

So laß, o Mann, die Thränen mir! laß mir
Den Jammer! denn womit vermag sich sonst
Wohl noch zu waffnen unter Priesters Hand
Das Opferthier? —

Kalchas.

O, du bist mehr als das!

Iphigenia.

im tiefen Gefühl ihrer gekränkten Würde.

Entsprossen einst von königlichem Stamm
Bin ich erkoren einem Helden zum
Gemahl! — Genug, ein menschliches Geschöpf —
Und ohne Rettung doch des Todes Opfer? —

Kalchas.

Warum siehst du den dunkeln Ausgang nur,
Den früh der Eine, spät der Andre findet?

Doch alle gehn wir durch des Todes Pforte!
Wirf deinen Blick zurück auf's helle Leben!
Vergiß des Guten nicht, was dir geworden!
Bis dahin lebtest du in Unschuld froh,
Des Kummers unbewußt. Des Lebens Güter,
Von allen Seiten lachten sie nur hold
Dich an. Der Freude Blüten pflücktest du,
Wo sie dir winkten, unverletzt von ihrem Dorn.
Entsprossen vom Geschlecht der Könige
Wardst du geehrt in deiner Unschuld Glanz.
Ihn haben Laster nicht befleckt, die oft
Das längre Leben zeugt. Mit ihnen wächst
Der Menschen, wächst der Götter Fluch hervor,
Und keine Reue tilget seine Schmach,
Die, bis in ferne Zeiten hin, den Staub
Noch selbst im dunkeln Grab entehrend drückt.
Du gehst vorüber der Gefahr, ein reiner Geist,
Rein zu den Himmlischen zurück; und Segen
wird

Dein Tod fürs Vaterland. — Des Glückes viel
Gewährten dir die Götter in so kurzer Frist.

Iphigenia.

Und doch des Unglücks noch weit mehr. — Warum
Muß finster enden, was so hell begann?
Warum verbluten dieses Herz am Stahl
Des Priesters, das so heiß für jede Liebe schlägt? —
O Zeus, und all' ihr Himmlischen, erbarmt
Euch meiner Noth! Was hab' ich euch gethan,
Daß ihr mit eures Zornes Blitzen mich,
Selbst bis zum Tod, verfolgt!

Kalchas.

Verzweifle nicht!
Nicht lästre sie, die hohen, die unsterblichen,
Die es also beschlossen über dich,

Nach jener ew'gen Weisheit, die das Wohl
Der Welt regiert.

Iphigenia.

Weh! so ist Untergang
Ihr Segen? nur Vernichtung ihrer Weisheit
Ziel?

Kalchas.

Nicht Untergang ihr Segen, nicht das Ziel,
Wohin sie alles lenkt, Vernichtung! Nein!
Die schwache Menschheit klaget nur die Götter
an.
Des Weisen Herz verehrt des Schicksals Hand.
Den Tod sieht nur das blöde Aug'. Es stirbt
Der Leib; der weise, fromme Dulder sieht
Den Geist sich schöner schwingen aus den Trüm-
mern
Des Sterblichen zu dem Unsterblichen
Empor.

Iphigenia.

Ach, noch umstricken mich so fest
Des Lebens, noch der frohen Jugend Bande!
Die Freuden der Natur erfüllen noch
So ganz dies frische Herz! der süße Traum
Der Liebe schwebte noch zu neu um dieses Haupt!
Die mütterliche Zärtlichkeit umfaßt
Mich noch so warm! Mein Geist verweilet noch
So gern auf dieser schönen Welt, die kaum
Vor mir den heitern Morgen ihres Lichts
Entfaltet! Noch hab' ich den vollen Glanz
Des Mittags nicht gesehn — und schon bricht sie,
Die schwarze Nacht des Todes, über mich
Herein! —

Kalchas.

Jenseits winkt dir ein neues Licht,
Das nie des Unglücks düstre Wolken mehr
Verdunkeln. — O, blick auf! Erheitere
Das Aug'! Es winket dir der Siegeskranz,

Der ewig dir auf Erden, ewig dir
In jenen seligen Gefilden grünt.
Ergreif mit fester Hand den schönen Preis!
So siegt kein Weib in Hellas mehr, wie du! —

Iphigenia.

Was sagst du? — Sprich! von welchem Sie-
ge tönt
Geheimnißvoll, prophetisch mir dein Mund?

Kalchas.

O, mögt' ein Gott mir seine Stimme leihen,
Um würdig auszusprechen, welch ein Ruhm,
Welch glorreich Leben, deiner Asch' entsteigend,
noch
In fernster Zeit das Vaterland erfüllen wird!

Iphigenia.

Mein Tod, erhabner Seher! — wie? — er
könnte mehr

Noch seyn, als Sterben? — Länger würd'
ich leben
In dem Gedächtniß derer, die mich lieben? —
Nicht fluchbeladen, nicht vergessen würd'
Ich mit den andern Todten ruhen in
Der ew'gen Nacht? Ich würde leben mit
Den Herrlichen, die hochverdient um Volk
Und Vaterland die Nachwelt preis't?

Kalchas.

Kind Agamemnon's! großer Helden Enkelinn!
Du stirbst den Heldentod für's Vaterland!
Du trittst an den Altar, ein göttlich Unterpfand,
Daß Troja fällt, und deines Volkes Haupt
Sich aus des Fluches Schmach erhebt! mit dir
Schwingt sich dein Volk zum neuen, ew'gen
Ruhm! —

von prophetischer Begeisterung ergriffen

Ha! — mich ergreift, erhörend, göttliche Gewalt. —

Horch! — Schwindend weicht vor mir das Bild
der Gegenwart! —
Sieh! — Meinem Aug' enthüllt der Zukunft
Dunkel sich! —
Gesichte schau' ich groser Thaten, fern vor
mir —
Und Worte tönen in mein Ohr, noch unerhört —
Es leiht der Gott von Delphi seine Stimme
mir! —

im Orakeltone

Vom Stamme der Atriden welkt ein edles Reis,
Den Stamm erhaltend, hier an Aulis Strand. —
Von ihm
Ausgehend zündet sich verzehrend Feuer an
In des Scamander's Flur. — Bis zu dem Gip-
fel selbst
Der stolzen, thurmumschirmten Felsenburg, die
dort
An seinen Ufern höhnend ragt, schwingt rächend
sich

Die helle Flamm' empor. — In Staub und Asche
sinkt,
Was einst des Landes Stolz, des Volkes Schutz-
wehr stand —
Selbst Hellas furchtbar — unbezwinglich nicht. —
Es liegt
Dahin gestreckt ein stolzes Königshaus! — Was
nicht
Des Siegers Schwert getroffen, folgt, in Fesseln,
ihm;
Ihm, beutereich und ruhmgekrönt heimkehrend
in
Des Vaterlandes Flur! — — Ein neu, ruhm-
volleres
Geschlecht der Helden wächst empor aus jener
Saat,
Und trägt der Söhne Hellen's Namen hochbe-
rühmt
Zu fernen Küsten ferner Länder hin! — es steigt
In kommenden Jahrhunderten zum Gipfel an

Des höchsten Ruhms, der höchsten Macht! —
Doch nimmer sinkt
Ins Dunkel der Vergessenheit, was einst vom Stamm
Des Atreus hier an Aulis Küste sühnend fiel; —
Den heilgen Namen preis't des spätsten Sängers Lied. —

Iphigenia.

Mit Ehrfurcht hör' ich deinen Willen an,
O Gott, der du zu mir durch dieses Sehers Mund
In heiligen Orakeln sprichst; der du
Auf meinem sturmbewegten Unglücksmeere
Den Glanz des sichern Pharus mir gezeigt —
Ein fernes Ziel! — Wie gern ging' ich dahin!
Wie gern, könnt' ich's erringen! böt' ich frei
Zur Sühne meines Volks das freie Leben dar! —
Doch schwach ist dieser lebensvolle Geist,

Und vor dem Riesenwerk des edlern Willens
Entsinkt der zarten Jungfrau jeder Muth.

Kalchas.

Verzage nicht! Denn mit dem redlich Wollenden
Ist stets der Gottheit Kraft. Sie wirkt Allmächtiges
Selbst durch die schwache Hand. Was unter Menschen groß
Und Herrliches geschieht, es ist ihr göttlich Werk.
Erhebe dich! Denn du wirst hingehn für
Den Vater, für den Ruhm des eigenen
Geschlechts und für das Vaterland, o du,
Des Vaterlandes Töchter edelste!
Du Gott erwählte Hofnung deines Volks! —

die Hände zum Himmel erhebend

So stärkt mit eurer Kraft der Jungfrau Herz,
Zeus und ihr Himmlischen, die sie verehrt!
Erweckt in ihrer zarten, keuschen Brust

Den Heldensinn des Mannes, und laßt sie
Das große Werk der Rettung Griechenlandes
Vollenden mit erhabnem, festem Muth! —

Nachdem er noch einige Augenblicke Iphigenien forschend betrachtet, entfernt er sich mit langsamen Schritten.

Sechste Scene.

Iphigenia.

eine Weile in stille Betrachtung versunken, dann mit erhobnem, feurigem Blick:

Wie wird mir? — Wohin seh' ich mich geführt
Durch dieser Götterstimme Zauberklang?
Und welch ein Feuer zündet sich auf einmal an
In meiner Brust? — Das schon erstorbne Herz
Beginnet wieder seinen Schlag, das Auge
Des Geistes öffnet sich; es sinkt das Band,
Der Schleier fällt von meinen trüben Sinnen;
Werd' ich entrückt durch Götterkraft von hinnen? —

Dich, Land, seh' ich mit der Begeist'rung
Blicken,
Wo mir zuerst der Sonne Strahl erschien;
Wo ich zuerst mit himmlischem Entzücken
Gefühlt in mir des Lebens Funken glühn;
Wo ich den göttlichen Gedanken dachte,
Der Liebe Zartgefühl dies Herz umfing;
Mir die Natur mit Mutterblicken lachte,
Und mich umschlang der Menschheit heilger Ring;
Die Gottheit mir erschien am festlichen Altare,
Sich hell mir wechselten der Jugend frohe Jahre.

Dies Land, das seines reichen Segens Fülle
Auf mich, die es erzeugt in seinem Schooß,
Die es bedeckt mit mütterlicher Hülle,
Auf mich mit liebevoller Hand ergoß. —
Dies Land seh' ich bedrängt vom Zorn der Göt-
ter,
Belastet mit des Schicksals schwerem Fluch; —
Und mich verlangt zu meines Volkes Retter

Des göttlichen Orakels ernster Spruch.
Ich soll des Fluches Last von meinem Volke wenden,
Und vom Olymp zurück die Huld der Götter senden. —

Zwar steh' ich an des Lebens Blütenpfaden;
Mir grünt noch überall der Jugend Lust,
Wozu Natur und Menschheit mich geladen,
Und keines Frevels bin ich mir bewußt.
Ich tanze noch der frohen Unschuld Reigen,
Zum Himmel heb' ich reine Händ' empor,
Zu mir herab die goldnen Freuden steigen,
Das Glück sich mich zur Günstlinginn erkor;
Auf sicherm Nachen schien es mich zu tragen,
Mir keinen Glanz des Lebens zu versagen. —

Da schwärzt sich plötzlich dieser Freudenhimmel;
Die dunkle Nacht des Schicksals bricht herein;

Gerissen werd' ich in des Kriegs Getümmel;
Mein Blut soll meines Volkes Sühne seyn;
Vertilgen soll ich des Erzeugers Schande,
In Sieg verwandeln meiner Brüder Noth,
Und Heil erflehn dem theuren Vaterlande,
Und sterben für das Vaterland den Tod. —
Ich kann ihm nun die große Schuld bezahlen; —
Was fürcht' ich länger noch des Todes Qualen? —

Wohlan! Nicht muthlos säum' ich mehr, zu sterben!
Dem Tode sey dies reine Haupt geweiht!
Auf mich, Erzürnte, stürzet das Verderben!
Es sey mein Volk, mein Vaterland befreit!
Ihm geb' ich wieder die entrißne Ehre;
Schon droht dem Sitz des Räubers Untergang.
Es winkt der neue Sieg dem Griechenheere;
Es tönt von neuem seines Ruhmes Klang. —

Triumph! Triumph! Für euch entströmt mein
Blut!
Zur Rache flamm' es euren Heldenmuth!

Hervor, ihr Priester!
Laßt die heilgen Hymnen schallen!
Bekränzt das Opfer!
Führt es zu des Tempels Hallen!
Auf! rüstet den Altar!
Es lodre
Die heilge Flamme; denn
Ich fodre
Den Sühnungstod von euren reinen Händen!
Dies freie Leben will ich segnend enden! —

Fünfter Akt.

Kalchas Zelt. Früh Morgens.

Erste Scene.

Iphigenia, mit einem festlichen Gewande bekleidet. Zwei Mädchen, die sich noch mit ihrem Anzuge beschäftigen.

Erstes Mädchen.

weinend

Wie wird so schwer die letzte, traur'ge Pflicht,
Die ich, Gebieterinn, dir leisten soll!

Iphigenia.

Vollendet das Geschäft! —

Zweites Mädchen.

Es ist geschehn,
Wie du befahlst.

sie weint

Iphigenia.

So unterdrücket doch
Der Thränen heiße Flut! Was ihr beweint,
Wird euch zur lauten Freude noch. Auch ihr
Sollt meines Todes euch erfreun.

Erstes Mädchen.

O Götter!

Zweites Mädchen.

Nein, wir vermögen's nicht! — Wir lieben dich
So innigst, ach, so schwesterlich! dein Tod —
Wie könnt' er uns erfreun!

Iphigenia.

Ihr habt geschmückt
Zu einem Freudenfeste mich; drum stellt
Die Klagen ein, die Thränen! freuet euch
Mit mir!

Zweites Mädchen.

Wie können wir's! — Ach, wir gedachten, dir
Mit treuer Hand den hochzeitlichen Kranz
Ins goldne Haar zu flechten, dich zu schmücken
Zum frohen Bundesfest, zu führen dich
Zum goldnen Torus, eine schöne Braut!

Iphigenia.

mit einem Seufzer

Es ist nun anders. — Schweigt! —

sie faßt sich

Nein, wünscht mir Glück
Vielmehr; denn bald vermählt mein Geist sich mit
Den Himmlischen, und meines Ruhmes wird
Die Erde voll.

Erstes Mädchen.

O, wie bekümmert uns
Dein hartes Loos! —

Zweites Mädchen.

Wie gern stürb' ich für dich!

Iphigenia.

Ihr sollt nicht jammern; denn mein Loos ist nicht
So thränenvoll. Es ist des Neides werth.
Doch ihr vermögt es nicht zu fassen, ach,
Ihr habt kein Vaterland! Darum verzeih'
Ich euren Thränen. — Nun, es ist vollbracht.
Geht — und gedenket mein. —

Beide Mädchen

stürzen sich zu Iphigeniens Füßen und benetzen sie mit ihren Thränen.

Erstes Mädchen.

O, segne uns!

Zweites Mädchen.

Ja, segne uns, denn du bist keine Sterbliche!

Iphigenia.

gerührt

Geht! — Lebt wohl! — Nehmt meinen Dank
für eure Treue —
Für eure Liebe! — Denket mein! — Lebt
wohl! —

Sie entwindet sich ihren Händen. Die Mädchen entfernen sich schluchzend.

Zweite Scene.

Iphigenia.

Ich fühl's, die Thränen dieser Jungfraun sagen's
mir:
Die ernste, feierliche Stunde naht,
Die mich dem Liebesarm der Meinen, mich
Dem Mutterschooß der Erde bald entreißen wird.

Sey nur getrost, mein Herz, und stähle dich!
Zerbrich nicht bey dem mütterlichen Jammer! —
Beim Angstgeschrei des Vaters hör' nicht auf
Zu schlagen! Du, der Augen helles Licht,
Erlisch nicht bey des Liebenden Verzweiflung!
Erstarre nicht, o Blut, in meinen Adern
Beim Anblick des Altars! — —

Wenn mich deine Stimme,
Diana, den Frevel
Des Vaters zu tilgen,
Wird rufen zum Tempel;
Wenn du meinen Leib dir
Erkoren zum Opfer,
Geweihet zur Sühne
Die Jungfrau dem Volke;
Wenn du mich gewürdigt
Des heiligen Todes
An deinem Altare:
So gieb, o Erhabne,
Zu sterben auch Kraft mir,

Mit Würde zu enden
Das Werk der Versöhnung! —
Entferne die Schrecken
Des Todes, und laß mich
Im Stahle des Priesters
Mit Ruhe nur schauen
Den Boten des Friedens,
Den du mir gesendet
Zum segnenden Hingang! —
Und steigt dann mein Schatten
Hinab zu der finstern
Behausung der Todten,
Und trinkt aus den Fluten
Des Lethe, der tilget,
Was irdisch beschweret
Den Aether des Geistes:
Dann leuchte, Diana,
Mit heiliger Fackel
Den dunkelen Pfad mir,
Und führ' zu den lichten

Gefilden der Wonne
Die sehnende Psyche! — —
Wer kommt? — Achill! Ich höre seine Stimme. —
Er ist's! — Unglücklicher! was kann ich dir
Gewähren? was du mir? — Wir sind getrennt.
Des Schicksals Hand zerriß die feste Kette,
Womit einst Liebe mich dir eng verbunden.
Gelöset ist der Bund; — die Liebe bleibt;
Denn sie ist ewig, wie des Menschen Geist! —

Dritte Scene.

Iphigenia. Achilles bleibt betroffen bey ihrem Anblick stehen.

Achilles.

So ist es wahr! — so täuscht mich kein Gerücht!
So schließt schon ein verderblich Festgewand
Die schönen Glieder ein! So wallt das Haar
Herab schon auf den jungfräulichen Nacken, den

Der Opferstahl so bald durchschneiden soll! —
Und du stehst da, das Opfer wilder Rache —
Stehst ohne Thränen, ohne Jammer da?

Iphigenia.
mit Fassung

Geflossen sind der Thränen schon so viel;
Die Quell' ist nun versiegt; des Jammers Klag'
Ist laut erschollen; — nun ist sie verstummt.

Achilles.

Und du erträgst des Unglücks schwere Last? —

Iphigenia.

Mich stärkt der Göttinn Kraft, die meinen Tod
Begehrt; denn sonst vermögt' ich's nicht durch mich.

Achilles.

So willst du sterben, Iphigenia?
Bist selbst entschlossen zu dem grausen Tod?

Iphigenia.

Ich bin's. —

Achilles.

Bei allen Göttern! ich beschwöre dich,
Unglückliche, gieb den Gedanken auf!
Noch hast du nicht erprobt, was Rettung dir
Gewähren kann. — Ein gleicher Wahn bethört
Auch dir die Seele, wie den stolzen Geist
Des Vaters. Er nur ist's, der über dich
Die Wolke des Verderbens führet, die
Dein schuldlos Haupt mit ihrem Blitz bedroht.

Iphigenia.
mit Ueberzeugung

Kein blinder Wahn, Achill; ein furchtbar, doch
Gewisses Wort ist des Orakels Spruch
Aus Kalchas heilgem Mund'. —

Achilles.

Und doch nicht so

Gewiß, als es der Glaube nur dir heuchelt.
Nicht so gewiß, daß es dir jeden Strahl
Der Hofnung raubt. — Erzittre nicht vor ihm!
Verzweifle nicht! Durch mich bricht dir ein neues Licht
Hervor. Zu retten komm' ich, wenn du willst;
Und du wirst wollen, wenn du mich geliebt.

Iphigenia.

Du willst mich retten? Wie vermagst du es!

Achilles.

Ha! Felsen ebnet treuer Liebe Kraft.
Weit über Meere dringt sie hin, durch Sturm
Und Fluten hin zum fernen Port; steigt in
Den Tartarus, erweicht der Höllenrichter
Fühlloses Herz und Pluto's, des Gewaltigen;
An's Licht des Lebens führt der Jüngling die
Geliebte siegreich wieder. Und ich sollte
Aus diesem Lager dich, aus schwacher Hand

Des Priesters dich nicht retten? die Geliebte
Ich seinem Mörderstahle nicht entziehn?

Iphigenia.

O, denke nicht daran! Nur größres Leid
Bringt dir, bringt mir die kühne That.

Achilles.

Schon ist's
An dem, sie auszuführen. Weigre nicht
Die Hand dem Freunde, der gekommen ist,
Dich aus des Grabes Schlunde zu befreien! —
Es harren vor des Zeltes Eingang die
Gefährten. Zu dem Meere führet uns
Ein sichrer Weg. Bereit liegt schon, entfernt
Vom Hafen, ein befreundet Schiff. Mit Muth
Besteigst du es, und sicher trägt es dich
Nach Fthia's fester Burg. Dort lebst du un-
Entdeckt in treuer Freundschaft Schooß, bis daß
Ich, wiederkehrend, die Gerettete

Und meine Gattinn dich dem Vater, dich
Der Mutter, dich dem Vaterlande, die
Verlorne, wiedergebe.

Iphigenia.

Was beginnst
Du? hör' ich recht? Aus diesem Lager willst
Du mich entführen? willst zum fernen Lande
Mich, die Entführte, senden?

Achilles.

Dünkt es dir
So frevelhaft? unmöglich gar?

Iphigenia.

Ich kenne
Den Muth, der dich beseelt; ich fühl's mit Dank,
Mit heißer Liebe Dank, was du für mich
Beginnst; doch dir zu folgen — das vermag
Ich nicht. Mir sagt's der Geist, der mich ergreift:

„Geh nicht!„ — Ich folge dieser Stimme, denn
Es ist der Gottheit Stimme, die mich sich
Geweiht.

Achilles.

Du säumst? Du siehst das drohende Gewitter
Sich immer näher deinem Haupte ziehn?
Verschmähst das Dach, das, freundlich schirmend, dir
Zur Seite winkt? Es ist das letzte in
Der finstern, weiten Oede, das dein Aug'
Erblickt. Gehst du vorüber, so ereilt
Des Sturmes Flügel dich, und ohn' Erbarmen
Schlägt er mit Wuth dein wehrlos Haupt.

Iphigenia.

Was liegt
Daran, ob ich, das zarte Mädchen, falle,
Ein fluchbeladnes Opfer; rett' ich Euch,
Die Starken, rett' ich nur das Vaterland?

Achilles.

Es wird nicht unterliegen dem Geschick.
Sein Wohl hängt nicht an deinem Tod allein,
Dem schmählichen, unmenschlichen; es giebt —
Vertraue mir! — zur Rettung andre Mittel noch.

Iphigenia.

Kein andres, als mein Opfer; und wer dies
Verhindert, hindert Hellas Ruhm und Glück.
Beginne nicht den Kampf mit dem Unmöglichen!
Du strebst umsonst. Ein andrer Feind bestürmt
Dich in der eignen Brust. Ihn zu besiegen,
Bringt dir den größern, herrlicheren Lohn.
Erdulde meinen Tod! Ergieb dich dem
Geschick! Dem Helden sey das Vaterland
Ein noch viel größ'res Gut! Auch mir muß es
Das Höchste seyn, jetzt da die Pflicht es will.

Achilles.

Mit Staunen hör' ich deiner Rede Wort.

Woher der Geist in eines schwachen Mädchens Brust?
Leiht die Verzweifelung dir diese Worte?
Ist es der Nachhall nur aus Kalchas Munde? —
Verwirf ihn nicht den Rettungsarm! komm! folge mir! —

Iphigenia.

So willst du mich denn nicht verstehn, Achill?
O, höre mich! — Ich bin ein Weib. Mich schuf
Mit weichem Herzen die Natur. Der Schmerz,
So wie die Freude, fand in meiner Brust
Den gleichen, weiten Raum. Des Fremden Glück
Erfreute, wie das eigne, mich. Das Leid
Des Menschen außer mir schlug auch in mir
Des Mitleids zarte Saiten an. Noch mehr:
Die Liebe selbst ergriff mein fühlend Herz;
Sie wohnt auch noch darin. Genug. — Ihr

seyd

Das rauhere Geschlecht, das männliche;
Vermögt durch List und Schwert, wo euch Gefahr
Des lauten Ruhmes Lorbeer zeigt. Wo euch
Die Leidenschaft den schwelgenden Genuß
Zum Lohn des Kampfs verheißt, da eilt und stürmt
Ihr sonder Rast, seyd stark und groß. — Doch schwach
Ist nicht das Weib. Wo es zu dulden giebt,
Wo die Entbehrung auch ihr Opfer fodert,
Wo selbst die höh're Pflicht nur fern den un-
Gewissen Lohn uns zeigt, da fühlen wir
Mit tiefem Sinn den mächt'gen Drang der Pflicht,
Und still entwickelt sich der Tugend Frucht
Zur freien, muthgen That. Wie schwer sie auch
Dem Herzen wird, dem liebenden — sie reift,
Erquickt den, dem sie reift. — Doch oft er-stirbt
Der Stamm, an dem sie wuchs!

mit Würde und Entschlossenheit

Ich bin der Stamm;
Mein Tod die Frucht; das Vaterland, dem sie
Gebührt. — Nichts mehr von Liebe! nichts mehr
von
Dem Leben! — Einst erscheinet auch der Tag,
An dem dein Schicksal sich erfüllt. — Wir
müssen scheiden.
Leb' wohl! —

Achilles.

Nein! Nein! Ich scheide nicht von dir.
Nicht ohne dich geh' ich von hinnen! — Nein!
Mich trennt kein Schwert, kein Gott trennt mich
von dir!
Selbst vom Altare reiß' ich dich, die Braut!

Iphigenia.

nachdem sie einen bedeutenden Blick auf ihn geworfen

So soll ich andre Worte mit dir reden? —

Wie sehr es auch die Freundinn schmerzt, ich
muß. —
Mich willst du um das Vaterland nicht lassen?
Soll ich dich feig und muthlos schelten, Krieger?
Der Held, der Troja siegreich stürzen soll,
Der einen Weiberraub zu rächen ging,
Der will den Göttern rauben eine Jungfrau,
Die sie sich selbst zum Eigenthum geweiht? —
Geh, Schwacher! — Nie hast du dein Vater-
land
Geliebt, die Götter nie geehrt! Und wenn
Du es nicht liebtest, sie nicht fürchtetest —
So warst du nie auch meiner Liebe werth! —

Achilles.

betroffen, schnell

Nimm es zurück, das harte Wort! — Du
schlägst
Mit schärfern Waffen mich, als ich geahnt.
Ha, du verwundest meiner Seele Tiefen! —

Ich fühle deine Kraft. Anstaunen muß
Ich deinen Heldengeist. — O, zürne nicht!
Unwürdig deiner Liebe sollst du mich
Nicht schaun! des Vaterlands unwürdig nicht!

Iphigenia.

Nun, so entspreche dem Entschluß die That!

Achilles.

nach einem heftigen, inneren Kampfe

Welch unglückselger Streit, worin du mich
Geführt! — Ich seh's: dich treibt ein Gott; dem kann
Ich Sterblicher nicht widerstehn! — Wohl-an! —
Geh hin! — Ich will nicht jammern über dich.
Nur Läst'rung wär's der Gottheit, die dich rief.
Doch rächen will ich deinen Tod! — den Schatten
Der Jungfrau, die Helena mir entreißt,

Die Unheilbringende — die in Helenen
Mir Paris hat geraubt — den will ich rächen
Mit tausendfält'gem Tod an seinem Volk.
Das sey statt froher Hochzeitfeier mir!
Ihr Todesröcheln sey mir Brautgesang!

Iphigenia.

Man kommt. — So laß uns scheiden! — Lebe wohl!

Achilles.

mit dem Ausdruck einer großen Empfindung

Geh zu den Göttern! — Troja stürzend, werd'
Ich fallen — dann im Schattenreich dich wiedersehn. —

er geht ab

Iphigenia

steht eine Weile da mit verhülltem Angesicht; nachdem sie sich gesammelt, und ihre Thränen getrocknet:

Es ist geschehn. — Auch dies Band ist gelös't! —

Doch klage nicht, mein Mund! — Hier reift nicht
mehr
Für mich der Liebe goldne Frucht. —
plötzlich aufschauend
Was seh'
Ich! Ach, die Mutter mit dem Jammerblick! —

Vierte Scene.

Die Vorige. Klytämnestra. Einige Frauen, die im Hintergrunde bleiben.

Klytämnestra

wirft sich schluchzend an Iphigeniens Busen. Pause.
Dann

Iphigenia.

Gieb, theure Mutter, dich dem Schmerz nicht
ganz
Dahin! — Gieb dich zufrieden! Sieh, ich bin
Gefaßt. —

Klytämnestra.

O mein geliebtes, mir nun bald
Entrißnes Kind! —

Iphigenia.

Es will der zürnende
Olymp den freien Tod, und ich erduld'
Ihn gern.

Klytämnestra.

Mit dir löst sich des Lebens selbst
Ein Theil von meinem Leben los! — Dich soll
Ich hinfort nicht mehr sehn! — Soll deine Stimme,
Der Tochter Stimme nimmer hören! — Soll
Ohne Tochter, ohne Gatten leben! in
Des öden Hauses öden Räumen leben!

Iphigenia.

Dir bleibt Orest, dir bleibt Elektra; und

Ich führe dir den Gatten bald zurück
Ins ruhmerfüllte Haus.

Klytämnestra.

O eitler Ruhm
Des Siegers, den mit seinem höchsten Schatze
Der stolze Held erkauft! der Unerbittliche,
Den seiner Gattinn Thränen nicht erweichen,
Den seines eignen Kindes Anblick nicht
Bewegt! —

Iphigenia.

Bedenk, daß ja nicht er den Tod
Der Tochter giebt. Der Götter Zorn gebeut —
Und Agamemnon folgt dem höheren Gebot.

Klytämnestra.

Nein! Ich ertrag' ihn nicht, den schmählichen
Gedanken, nicht die ungeheure That! —

Ich fass' es nicht! — Aus diesem Arm kann
dich
Selbst ein Barbar nicht reißen! — und dein Vater! —

Iphigenia.

O zürne nicht auf ihn, den Zornbelasteten
Von Götter Hand! — Nur schmerzvoll giebt er
mich
Dahin. Hilf menschlich ihm den Schmerz ertra-
gen,
Den seine starke Seele dir verschließt.
Sey du ihm Trost vielmehr! O stütze seinen
Geprüften Muth, wenn er zu sinken droht! — —
Dies eine noch: Erzieh den Bruder mir
Zum Helden, daß sich seiner einst erfreue
Das Land, das ihn gebar! Und meinen Tod
Betraure nicht, durch Klagen nicht, nicht durch
Ein finsteres Gewand! Mich deckt kein Grab.
Ich werde glücklich, Griechenlands Erretterinn! —

Fünfte Scene.

Die Vorigen. Kalchas tritt mit einigen Priestern ins Zelt. Klytämnestra fährt heftig zusammen.

Kalchas

nähert sich Iphigenien und ergreift ihre Hand. Mit sanfter Stimme:

Bist du mir jetzt zu folgen schon bereit?

Iphigenia.

mit festem Tone

Ich bin bereit.

Klytämnestra.

fast in demselben Augenblicke

O ihr Allmächtigen!

sie sinkt leblos auf den Sessel

Iphigenia

wirft sich über ihre Mutter.

O Mutter! Theure Mutter!

nach einer Pause

Lebe wohl!
Zum letzten Mal faſſ' ich die Hand, die mich
So liebevoll erzog! zum letzten Mal
Drück' ich ſie an mein dankbar Herz!

ſie drückt einen Kuß auf ihren Mund

Es iſt
Der letzte Kuß, mit dem ich ſterbend von
Dir ſcheide.

zu den Frauen, ſich ſchnell faſſend

Nun lebt wohl! — Sorgt für ihr Leben!

indem ſie hervortritt

Jetzt, Vaterland, bin ich die deine ganz.
Und du, o Göttinn, die du mich zum Altar rufſt,
Nimm mich zum Opfer gnädig auf, und wandle,
Verſöhnt, den Zorn, womit du rächend ſtrafſt,
In Heil und Sieg für Griechenland! — Kommt,
Prieſter! —

Sie geht aus dem Zelte. Kalchas und die Prieſter folgen ihr. Die Frauen tragen Klytämneſtra auf dem Seſſel aus dem Zelte.

Sechste Scene.

Platz im Haine Dianens. Im Hintergrunde, zur Seite auf einer Erhöhung, der Portikus des Dianentempels sichtbar. Jenseit des Tempels ein Prospekt von der Küste mit dem Meere. Aufgang der Sonne über dem Meere. — Das Vorspiel der Instrumente, welche den folgenden Chor begleiten, beginnt, aus der Ferne hörbar. Während desselben steigen einige Priester, einzeln und langsam, zum Tempel hinauf. Volk aus Aulis sammelt sich auf dem Platze. Die Musik kommt näher; der Opferzug tritt auf den Platz.

Voran die **Herolde**; ihnen folgt ein Haufen **Krieger**; dann **Jungfrauen** Paarweise, theils grüne Zweige, theils Schaalen mit dampfendem Rauchwerk in den Händen, theils Körbe mit Früchten auf dem Kopfe tragend. Dann **Flötenbläser** — **Priester** mit Opfergeräth. Ein Herold. Dann **Iphigenia** mit **Kalchas**. Beider Haar ist bekränzt. Darauf **Agamemnon**, mit gebeugtem Haupte und dem Ausdruck des tiefen Schmerzens in der Miene, neben ihm **Menelaus**, dann **Nestor** und **Ulysses** — **Diomedes**, **Pa-**

troklus — noch andere Helden, Paarweise. Krieger.

Der Zug geht feierlich und langsam über die Bühne zum Tempel. Sobald er auf's Theater tritt, stimmen das versammelte Volk und die Krieger abwechselnd folgenden Chor an:

Chor des Volks und der Krieger.

Das Opfer ist bereitet.
Mit festem Muthe schreitet
Das Heilge zum Altar.

Chor der Krieger.

Die Schuld wird uns entnommen.
Der Retter ist gekommen
Von schrecklicher Gefahr.

Chor des Volks.

Dort, wo Kronion thronet,
Unsterblichkeit belohnet
Die hohe Dulderinn.

Beide Chöre.

Ihr Geist sich aufwärts hebet,
Dem Irdischen entschwebet
Hoch zum Olympus hin!

Der Gesang hallt noch eine Zeitlang aus dem Tempel — dann tiefe Stille.

Siebente Scene.

Klytämnestra stürzt auf die Bühne; einige Frauen ihres Gefolges bemühen sich, sie zurückzuhalten. Volk und Krieger im Hintergrunde und auf den Stufen, die zum Tempel führen.

Klytämnestra.

Zurück, ihr Kühnen! Haltet mich nicht auf!
Die Löwinn wüthet, der man ihre Jungen raubt;
Und ich, ich sollte dulden, daß man mir
Das Kind des Herzens mordet?

Erste Frau.

sich ihr in den Weg werfend

Königinn,

Es ist umsonst!

Klytämnestra.

Bist du der Mörder einer,

Daß kalt du sagst, umsonst? — Laßt mich hinauf!

Mit diesen Mutterhänden will ich sie
Den Tiegerklaun entreißen. Dieser Leib,
Der sie getragen, diese Brust, die sie
Gesäugt, die sollen sie beschützen! — Ha!
Mein Blut muß eher fließen, als das ihrige
Verspritzt! — Laßt sehn, ob Agamemnon auch
Die Gattinn tödten wird mit eigner Hand.

sie will fort

Zweite Frau.

O bleib! — Entweihe nicht den Tempel, nicht
Den heilgen Hain, den du betrittst!

Klytämnestra.

sich plötzlich besinnend

Wo bin
Ich? — Wohnt Diana hier in diesem Haine?
Ist das der Göttinn Heiligthum, wodurch
Sie Aulis schützt? — Schützt sie die Menschen noch?
Du lügst. — Sie schützt nicht mehr! Die Göttinn ist
Entflohn — ob einer schwarzen Greuelthat
Entflohn! — Die Väter morden ihre Töchter! —
Laßt mich hinein! Fort! Fort! —

Erste Frau.

sie aufhaltend

O fasse dich,
Gebieterinn! du lästerst diesen Ort.

Die Musik schallt aus dem Tempel.

Klytämnestra.

Hört ihr der Mörder Stimmen? Hört ihr wohl
Der wilden Rotte Mordgeschrei? — Fort! Fort!
Es wird zu spät.

Dritte Frau.

Wir lassen dich nicht fort.
Es darf nicht seyn. — O, schone dich! Erspare
Den Anblick dir! — du störst die heilge Feier.

Klytämnestra.

Mich schonen? Und warum? — Was mir ersparen?
Es blutet ja mein heiß geliebtes Kind.
Für wen leb' ich auf Erden ferner noch? —
Verflucht ist Agamemnon und sein Haus.
Sind wir nicht Alle dem Untergang geweiht?

Die Musik im Tempel geht in klagende Töne über.

Horch, das ist meines Kindes Stimme! — horch!
Sie klagt, sie jammert laut! — Hört ihr? sie fleht
Die Götter, fleht die Menschen an um Rettung. —
Ist kein Erbarmen? — Weh! — Und du verhüllst
Dein Antlitz nicht, Apoll? Mit hellem Auge
Blickst du herab auf diese That? — O seht! —
Dort steht der Vater mit dem Felsenherzen —
Achilles dort, der feige — Menelaus dort! —
Sie jammern nicht; sie retten nicht; sie blicken kalt
Auf Iphigenien! — dort steht der heuchelnde
Ulyß — der morderfüllte Diomed. —

Man hört die Musik von neuem im Tempel erschallen.

Jetzt schleppen sie das Opfer hin! — Zerrissen wird
Ihr Haar — der jungfräuliche Nacken wird
Entblößt, — der Priester hebt den scharfen Stahl!

Ihr Angstgeschrei ertönt umsonst! — Halt ein!

Sie reißt sich von den Weibern los und eilt mit aufgehobnem Arme, als wollte sie den Priester zurückhalten, zu den Stufen des Tempels; die Frauen folgen ihr schnell.

Halt ein! — Es ist mein Kind! ist Iphigenia!

Sie sinkt entkräftet zurück in die Arme der Frauen.

Erste Frau.

Ihr Götter, steht uns bey! Erbarmt euch ihres Jammers! —

Die Frauen

ziehen sie nach dem Vorgrunde der Bühne zurück, und sind beschäftigt, sie wieder ins Leben zurück zu rufen. Es geschieht plötzlich ein heftiger Donnerschlag.

Zweite Frau.

Hört ihr Kronion's Stimm'?

Dritte Frau.

Es ist vollbracht.

Klytämnestra

kommt allmählig zu sich. Mit schwacher Stimme:

Wo ist mein armes Kind? — Ist schon ihr Geist
Entflohn? — Hat ihren schönen Leib die Flamme schon
Verzehrt? — O, sammelt mir die heilge Asche! —
Mir her den Aschenkrug, damit ich ihn
Mit meinen Thränen netze! Raubt mir doch
Die theuren, heilgen Ueberreste nicht! —

Achte Scene.

Die Vorigen. Patroklus tritt eilig aus dem Tempel.

Zweite Frau.

O seht! man kommt; das Opfer ist geschehn.

Klytämnestra.

sich erhebend

Geschehn? — Sprich! was ist hier geschehn?

Patroklus.

Wo ist

Achill? — Was seh' ich! — Klytämnestra

hier? —

Klytämnestra

sieht mit schmerzvollem Blicke ihn fragend an; dann mit bebender Stimme:

Lebt Iphigenia nicht mehr? — — O sprich!
Ist sie nicht mehr? — Gieb mir die schreckliche
Gewißheit, und mein Herz verblutet bald!

Patroklus.

Sie ist hinaufgegangen zu den Göttern.
Ihr Ruhm lebt ewig unter Hellas Volk.

Klytämnestra.

So fahre hin auf immer jede Gunst,
Die mir die Erde beut! — Für mich ist kein
Geschick zu hart. — Willkommen jeder Schmerz,
Der auch in mir das Band des Lebens lös't! —
Du bist dahin, die mir ein zweites Leben war; —
Das Schicksal hat's genommen; — nun, es nehme
Mein Leben auch mit mordbegier'ger Hand! —
Ihr Unerbittlichen, o seyd noch nicht
Versöhnt! Hier dieses mütterliche Haupt
Sey auch für euch der Rache Ziel! O laßt
Auch mich ein Opfer fallen am Altar!
Ich folge willig eurem Ruf. Dann deckt
Auch dieses matte Aug' mit Todesnacht!
Ha, siegreich, im Triumph steigt dann mein Schatten
Hinab zur Finsterniß des Erebus! —

Dort, dort herrscht ewig tiefes Schweigen; dort
Ist doch wohl Ruhe vor des Lebens Qual? —

Patroklus.

O Königinn, entmanne nicht durch dein
So banges Klaggeschrey der Krieger Herz!
Entehre nicht den Heldentod der Tochter! —

Klytämnestra.

von dem Worte ergriffen

Sie starb als Heldinn? — Ohne Angstge-
schrei?
Sie bat, sie flehte nicht um Schonung? —
Nicht
Den Lilienarm erhob sie, Rettung suchend,
Zur Mörderbrust des Priesters — Agamemnon's
nicht?

Patroklus.

Kein Laut des Jammers tönt' aus ihrem Munde.

Klytämnestra.

sich ermannend

Wohl! — Nun bin ich gefaßt. — Verbirg mir
nichts;
Denn alles will, denn alles kann ich hören. —

Patroklus.

Vernimm! — Kaum waren wir getreten in
Den Tempel, hatten uns genahet dem
Altar der Tochter Zeus, der zürnenden,
Als Agamemnon, dein Gemahl, begann
Den lauten Jammer; Seufzer tief an Seuf-
zer
Gedrängt, sich seiner Vaterbrust entrangen,
Das Haupt gewendet von der Jungfrau ab-
wärts,
Mit dem Gewand' es sich verhüllend, nicht
Zu schaun den Opfertod der Tochter. — Doch
Sie stand in stiller Majestät, und sprach
Also: Sey ruhig, Vater! Sieh, hier bin

Ich schon. Getrost biet' ich den Leib zum Opfer
dar.
Mich schreckt nicht der Altar. Versöhnend den
Olymp
Mit dir, mit meinem Volk, geh' ich dahin.
Du aber sey beglückt, und kehr', mit Sieg
Gekrönt und Ruhm, zum Hause deiner Väter
Bald wieder heim! — Und Alle staunten ob
Der Jungfrau Heldenmuth und ihrer hohen,
Erhabnen Tugend Kraft. — Und Ruh' gebot
Der Herold nun dem Volk. Und Kalchas trat
Hervor, und kränzte deiner Tochter Haupt,
Besprengte mit dem heilgen Wasser sie,
Und rief und flehete zur Gottheit laut,
Und weihete der Jungfrau keusches Blut
Den Göttern, und erbat den Sieg dem Heer'
Und Glück dem Vaterlande. — Nahm darauf
Den Opferstahl — ein Jeder hörte laut
Und bang' den starken Schlag ertönen —

Klytämnestra

mit einem heftigen Seufzer, macht eine Bewegung des Schreckens und der Angst.

Patroklus.

Da sandte Zeus, zum Zeichen der Versöhnung,
Uns heft'gen Donner vom Olymp. Verliehn
Ist nun von Aulis frohe Abfahrt uns
Und Troja's Sturz. — Schon nahet dein Gemahl.

Klytämnestra

erschrickt.

Neunte Scene.

Die Vorigen. Agamemnon von den übrigen Helden begleitet, tritt aus dem Tempel. Er bleibt einen Augenblick vor demselben auf den Stufen stehen.

Agamemnon.

mit schmerzvollem Blick zum Himmel

Es ist vollendet das Gebot der Götter —

sich nach dem Meere umsehend

Und gute Zeichen giebt uns Meer und Luft. —

Er steigt die Stufen hinab; er erblickt auf dem Platze Klytämnestra, und eilt auf sie zu.

Klytämnestra.

Wohin soll ich entfliehn vor seinem Blick?

Sie verbirgt ihr Gesicht an dem Busen einer ihrer Frauen.

Agamemnon.

O Klytämnestra! — Theures, armes Weib! —
Für dich find' ich kein Wort des Trostes mehr!
Wo fänd' ich's für mich selbst bey diesem Schmerz! —

er ergreift ihre Hand

Gewähre mir das Wort: verlaß uns bald! —
Denk' an Orest, Elektra! denk' an Argos! —
Mich ruft nach Troja das Geschick. — Leb' wohl,
Geliebtes Weib, und zürn' auf Keinen mehr!

Die Götter sind ja selbst mit uns versöhnt. —
Leb' wohl, bis zu dem frohern Tag der Wieder-
kehr! —

Klytämnestra

sinkt unwillkührlich an seine Brust.

Printed in the USA
CPSIA information can be obtained
at www.ICGtesting.com
LVHW010313271223
767527LV00042B/1018